E・バダンテール
Elisabeth Badinter
夏目幸子 訳

迷走フェミニズム
fausse route

これでいいのか女と男

新曜社

わが娘ジュディットへ

一九九〇年代という曲がり角——はじめに

一九八〇年代の雰囲気を思い出すのは一苦労だ。一九七〇年代のかがやかしい女性解放の後、社会党政権が誕生し、時代は希望に満ちていた。一部の女性の間では、陶酔とまではいかなくても熱狂が感じられた。二十年とたたないうちにすばらしい成果をあげ、フェミニストたちが満足したのも当然だった。職業を得ることで多くの女性たちがやっとある程度の自立を手に入れ、夫との生活に我慢しないでも、自分と子どもの生活費さえ稼げれば離婚できるようになった。ひとつ前の世代の女性には考えられなかった貴重な自由。離婚の件数は増えつづけ、伝統的な結婚が意味を失いつつあった。太古からの枷《かせ》よ、さようなら。避妊と中絶の権利を手に入れたことで、西洋の女性たちは人類の歴史上はじめての力を掌中におさめた。この変化が家父長制の終焉を意味したのは否めない。「あなたが父親になるには、わたしの同意が必要だし、わたしが望むまで待ってちょうだい」。それまで男の世界だった分野にはじめて進出した女性たちの名前を列挙し、勝ち誇ったのもこの時代だった。エリート養成機関のグランゼコールのひとつ、理工科学校の首席合格者、破棄院（日本の最高裁判所）の議長、警視など、「女性初」の続出にジェンダーの定義がくつがえされつつあると感じたものだった。

伝統的な女性のイメージに代わって、より精力的でたくましい女性、世界を思いどおりにはできなくても、自分の人生を思いどおりに生きる女性というイメージが生まれた。やっと役割交替！　何千年もつづいた男性社会において脇役の地位に追いやられてきた女性がついに主役を演じ、男たちは脇役にまわった。この転換に歓喜し、そこから女たちがあらたな分野の開拓のための貴重なエネルギーを得たのは明らかだ。いや、未開拓地はもうないも同然だった。男の分野はすべて女のものになったが、その逆は成立しない。征服の野望に燃えた女性たちは、世界と家庭の両方をパートナーの男性ともうすぐ分かち合えると思っていた。男女平等が、真の民主主義の究極の達成基準となりつつあった。

アメリカのフェミニズムの新しい波が本質主義的かつ分離主義的、「国家主義」的なアプローチによって、男女間の対立というあらたな構図を生み出しつつあったのとは対照的に、フランスの女性たちは父、夫、上司をはじめとするあらゆる男性たちと日々の暮らしにおいてうまくやっていくことを夢見ていた。

才能あふれる社会学者アンドレア・ドウォーキンの激しい著作や、法律学者キャサリン・マッキノンによるセクシャルハラスメントとポルノグラフィの糾弾は、フランスでは大学関係のフェミニストにしか知られていなかった。一九八〇年代なかば、アメリカのフェミニストたちが女性の受けるあらゆる暴力を告発し、男性に対する警戒心を強めていたのに対して、大西洋のこちら側、フランスでは女たちは仕事が二倍に増えたのと、男たちが一向に変化しないのを不思議に思っていた。たしかに、当時のフランス社会は今ほど暴力的ではなかったし、男性による暴力の被害者が告発することも少なかった。そんななか、時流が変化するきっかけとなったのは、一九八〇年の強姦罪の処罰の強化よりもむしろ、ミシェル・フィトゥーシのベストセラー『スーパーウーマンはこんなに大変』（*Le Ras-le-bol des superwomen*）だった。二児の母であるジャーナリストによる、棘《とげ》がなくユーモアに富んだこの短いエッセイは広い読者層に受け入れられ、一九七〇年代のフェミニストたちが築いた領域をはじめてかき乱して話題を呼んだ。タイトルの「大変、ウンザリ」

(*ras-le-bol*) は「わたしたち女性はダマされた」というメッセージを集約しており、この言い回し自体が新聞雑誌で多用された。

後戻りもできなければ、家庭と仕事のどちらかを犠牲にするのも問題外だったため、女性のほとんどは母親の世代が切り開いてきた道をなんとかして進みつづけるしかない、と考えた。だが、はなばなしい征服の時代ではもうなく、精神的に地道な成長を遂げる必要が生じ、それまでとは違う感覚が社会全体にみられるようになった。なによりも男性に対する失望が大きかった。ほとんどの男性は男女平等を実現しようとしなかったからだ。少なくとも、女性が期待したほどの迅速で効果的な協力は得られなかった。これは家庭における父親と母親の仕事の分担を見れば明らかだった。実はこの二十年の間、何も変わらなかったのだ。あいかわらず女性が家事の四分の三を担当しつづける現実を前に、悔しさを感じるのも当然だった……。この失望が恨みに変わったのはごく自然なことだ。実現不可能な目標を掲げておきながら、結果を前に沈黙や自責に逃げこんでしまったフェミニストに対する恨み。男ばかりで、一家の母親の問題など気にかけようともしない政府に対する恨み。そして、家庭内において無限大の慣性力でパートナーの女性に抵抗するのみならず、権力の場においてそれまでの縄張りを死守しようと闘う男性に対する恨み。

一九八〇年代のこの失意に輪をかけたのが、一九九〇年代初めの経済不況による打撃だった。一九七〇年代後半から忍びよりつつあったこの不況のため、数百万人の失業者が生まれたが、その割合は女性の方が高かった。フェミニストたちの要求を聞き入れている場合ではなかったのだ。逆に社会は閉塞し、二児を抱えた母親の多く、なかでも低所得層の母親が、「規定の最低賃金の半額を支給する」という政府の措置を受け入れて専業主婦になった。

この経験に無力さを感じる一方、同時に生まれてきたあらたな感覚から、価値観の転換が徐々に進行した。パスカル・ブリュックネールが無垢の誘惑と呼ぶ現象がそれで、一九八〇年代後半から西洋でみられるようになり、今日ではより顕著になっている。巨岩を持ち上げる勇者よりも、無防備な犠牲者の方が現代のヒーローにふさわしい。「不幸は選ばれた証に等しく、それに耐える人間に高貴さを与える。不幸だと主張することは、普通の人間とは違うと主張することであり、その違いを誇りにすることだ。（中略）我苦しむ、故に我は立派なり」とブリュックネールは分析している。[*1] 苦しむ人間は必ず糾弾し、償いを要求する。自ら犠牲者だと名乗る人間が増えた結果、さまざまな糾弾の場が増加し、処罰と制裁ばかりの社会になった。

フェミニズムも例外ではなく、むしろこの現象の先頭に立ったほうだった。快挙を成し遂げた女性よりも、男性支配の犠牲者の方に関心が向けられるようになった。スーパーウーマンはもてはやされなくなり、よくて例外、ひどい時は犠牲者の女性たちを顧みない自分勝手な恵まれた女性呼ばわりされた。航海士エレン・マッカーサーによる女性初の快挙に対する女性誌の反応が最もよい例だ。この小柄な女性がベテランの男性航海士たちを破って〝ラム酒の道〟と呼ばれる大西洋横断単独ヨットレースに優勝しても、マスコミはさほどの熱意をみせなかった。たしかに雑誌『エル』は「わたしたちのヒロイン」と題した記事を載せたが、それより数年前に同様に活躍したフロランス・アルトーの時のように表紙に写真を掲載するにはいたらなかった。『マダム・フィガロ』はといえば、写真の下に数行のみの記事の形で取り上げただけで、しかも優勝者エレン・マッカーサーへの賛辞に交えて、「スタート後の数時間で引き返した」男性参加者の「恐怖を認める勇気」を称えたほどだった。

女性スポーツ選手の殊勲、とりわけ男性選手と同等に戦って勝った時の快挙は、実はたんなるスポーツにおける勝利の具体例にとどまらない。勇気と意志の力をみせつける彼女たちスポーツ選手は、アメリカのラディカルなフェミニストたちが好む守られるべき弱い女性のイメージを打破する。一流の女性スポーツ選手や著名なルポライターなど、本来は男の世界だった領域で活躍する女性たちは、主流となったこの種のイデオロギーにとっては迷惑な存在なわけだ。だから、強い女性の存在は意図的に無視し、男性による支配という昔からのテーマに関心を集めようとする。

女性がおかれている状況はまったく変わっていない、という者もいれば、よりひどくなった、という者もいる。男性による暴力が今日ほど批判の対象となったことはない。社会的暴力も性的暴力も一緒にされてしまい、加害者は「これこそ男の本性だ」とばかりに攻撃される。「生来のものであれ文化の産物であれ、男性優位は普遍的だ」と悲壮な言説を繰り返すばかりの多くの社会学者や人類学者たち。これと対《つい》をなす、「古今東西、女性は下位にあり、実際に犠牲者でなければ潜在的に犠牲者である」という言説も忘れてはならない。生殖の分野においてはこのような悲惨な上下関係はもう存在しないという事実[1]を認めることもほとんどなければ、認めてもそこから生じるあらゆる結果には触れようとしない……。

この「犠牲者化[2]」のアプローチの利点は何だろう。まず、犠牲者は必然的に善人の立場に立てる。犠牲者は常に正しいとみなされるからだが、それだけでなく、加害者が容赦なく憎まれるのと対をなす形で、犠牲者は同情されるからだ。法廷の被告席にいる加害者に共感する傍聴者はめったにいないことを、刑法の専門家は熟知している。さらには、女性のジェンダーを犠牲者にすることで、実際に女性がおかれている状況とフェミニズムの言説をひとつの陣営にまとめることができる。文化的差異や社会的かつ経済的な多様性という厄介な問題をいとも簡単に消し去れる魔法の杖のようなものだ。そうすることで、「西洋の女性」と「東洋の女性」の状況を比べて、「世界中で女性たちは、女性であるがゆえに憎悪と暴力の犠牲となっている」と恥ずかしげもなく断言することが可能になる。(3) パリの七区の高級アパルトマンに住むブルジョワ階級の女性も、パリ郊外に住むアラブ系の若い女性も、同じ問題を抱えているというわけだ。

しかしながら、本物の犠牲者と偽の犠牲者を混同すると、解決を急ぐべき問題を取り違える危険がある。遺伝的に支配する側にある男性を前に、無抵抗に抑圧される女性というイメージを強調しつづければ、このような認識を共有しない若い世代の信頼を失うことは必至だ。「犠牲者化」を続けるかぎり、若い世代の女性にいつまでも犠牲者の立場と不利益しかもたらすことができない。なんとも暗い見通しで、若い女性の日常を変える力はまったくない。それどころか、男性性の告発と女性のアイデンティティの追求に躍起になるあまり、ここ数年のフェミニズムは本来の使命をないがしろにしている。性の解放から理想化された制度的な性へと逆戻りする一方、まったく疑問視されることなく母性本能の神話が復権しつつある。共和国憲法に性差を記述する動き[*2]を正当化するため、母性によって女性性を暗に定義するという立場に逆戻りしたのはまぎれもない事実だ。それはまるで下院に女性議員を増やすためなら昔ながらのステレオタイプまで担ぎだすのもやむを得ないかのようだった。

この十五年の間に本当に進歩したのかどうか、今こそ問わねばならない。今日、メディアにおいて流通するフェミニズムの言説[4]は、多数派の女性の意識を反映しているだろうか? どのような男女間のパラダイム、性のモデルが推奨されているのか? これらの問題に答えるにはアメリカの状況をまず参照する必要があるが、それはフランスがアメリカ流のフェミニズムを鵜呑みにするのではなく、例のごとくやや遅れてその思想を借用し、フランスの思想と混ぜあわせたからだ。どういう結果になったかは、これからみていこう。

凡　例

1. 本書は Elisabeth Badinter, *Fausse route*, Odile Jacob, 2003 の全訳である。
2. 原書中の引用は、既訳のある場合はそれを適宜参照しながら、すべて訳者が訳した。
3. 本文傍らの（ ）内の数字は原注の、＊付きの数字は訳注の番号を示す。

目　次——迷走フェミニズム

装幀——難波園子

1章　新・方法序説——女性はみな犠牲者？

デカルト的な真実の基準が通用しなくなって久しい。「明晰にして判明な観念」よりも、類推や一般化が好まれるようになった。さらには、「ほとんど一致しない異なった要素を一緒にする」作為的な混同(1)が、政治の世界だけでなく学術の面でもみられるようになった。他方、女性を犠牲者とみなす今日のフェミニズムの基にある思想は不明瞭で、そこでは文化主義と自然主義、さらには決して正体をあらわすことのない本質主義とがとなりあっていて、なんとも混沌としたさまざまな議論が展開されている。原則によって行動を決定するのではなく、行動は後から正当化されることがしばしばだ。男女関係を理論づけることよりも、男性および抑圧の仕組みを糾弾することが主眼となっている。論理は新しいけれど、もちいられる思想は旧来のものだ。意図的にしろそうでないにしろ、この手のフェミニズムが生み出した女性の表象は、これまで築いてきた女性の地位を帳消しにし、とんでもない方向へと社会を向かわせる危険をはらんでいる。

I　混同の論理

一般化と類推からなる混同の論理は、とりわけ性の分野でもちいられる。客観と主観、付随的問題と主要問題、正常な状態と病的状態、身体レベルと心理レベル、意識と無意識といった区別がなされなくなった。すべてを同一のレベルで論じることで、性と男女関係に関して独特の見方が生まれてきた。

暴力の連続体

この三十年来、アメリカのラディカルなフェミニストたちは性犯罪の連続性を丹念に論証してみせることで、女性が長きにわたって犠牲になってきた歴史を証明している。女性が性的に抑圧されてきたという見方を強調するこの流派による書籍が数年のうちに三冊つづけて出版された。それぞれ順に強姦、[2]セクシャルハラスメント、[3]ポルノグラフィ[4]がテーマだ。著者スーザン・ブラウンミラー、キャサリン・マッキノン、アンドレア・ドウォーキンの三者は一躍有名人になった。その後、マッキノンとドウォーキンのふたりが活動を共にするようになったのは、女性は抑圧された階級をなし、性こそこの抑圧の根源であると考える点で意見が一致したからだった。女性を単なる性の対象としてあつかう力を持つため、男性は女性を支配することができ、人類の原初の歴史においてこの力は強姦という形で行使された、というのがこのふたりの考えだ。彼女らによれば、強姦もセクシャルハラスメントもポルノグラフィも、さらには殴る・切るといった暴力行為も、すべて女性に対する暴力の一部となる。[5]また売春やストリップショーなど、性に少しでも関係のあるものも含まれる。男たちに性のあり方を変えさせるしかない、という容赦ない態度で、そのためには法律を改正し、訴訟を起こすべきだ、というのだ。

マッキノンとドウォーキンのアプローチは検閲を課して性の自由を侵害するだけでなく、男性全体に対して宣戦布告するものだったため、リベラルなフェミニストたちは激しく抗議した[6]。アンドレア・ドウォーキンはより挑発的になり、彼女の過激さを嫌う者のなかから新しいフェミニズムが生まれた。とはいえ、女性を犠牲者とみなすドウォーキンの思想は発展を続け、女性をナチスの強制収容所からの生還者にたとえるまでにいたった。生還者（survivor）という用語は他の多くのフェミニストにも用いられたほどだ。ドウォーキンの同志で、有能な弁護士であり有名大学で法学を教えるキャサリン・マッキノンはといえば、いくつもの訴訟を起こして勝ち、話題を呼んだ。一九八六年、米国の連邦最高裁判所において、マッキノンはセクシャルハラスメントを性差別のひとつに認定させた。また一九八三年と八四年には、保守派の圧力団体と共和党の支持を得て、ミネアポリスとインディアナポリスの二都市に、ポルノグラフィを禁止する「マッキノン＝ドウォーキン条例」を制定させた。これによれば、ポルノグラフィは市民権の侵害にあたり、条例は映画と書籍、新聞のすべてを対象とした。女性が「劣った地位」にあると感じることがあれば、その屈辱の原因となったものを禁止させることが可能だったため、文学や映画の過去の数々の名作まで対象となる危険があった。この常軌を逸した検閲の猛威を察知したフェミニストたち（ベティ・フリーダンからアドリエンヌ・リッチ、ケート・ミレットまで）は流派を越えてそろって反撃した。激しい論戦の末、表現の自由を優先する最初の修正案が可決された。とはいえ、この件を通じてマッキノンの知名度は大きく上がり、重要な論客とみなされるようになった。一九九二年にカナダの最高裁判所がポルノグラフィに関するマッキノンの理論の大部分を取り入れた法案を可決したことも、彼女の名声を高める結果をまねいた。

奇妙なことに、フランスではドウォーキンの著作もマッキノンの著作も翻訳されなかった。おそらく、フランスの精神風土と相容れないと判断されたからだろう。さらに興味深いのは、フランスのフェミニストたちの著作にはふたりの名前さえほとんど登場しない点で、そのあからさまな過激さに恐れをなしたかと思うほどだ。にもかかわらず、ドウォーキンとマッキノンの思想の大部分は大西洋を横断してフランスに上陸した。仲介になったのはカナダのケベック州のフェミニストやヨーロッパの研究機関、そしてふたりの思想がもっとも流布しているアメリカの大学と交流のあるフランスの大学人たちだ。

フランスでこうした問題が意識されるきっかけになったのは、一九七八年のエクサン・プロヴァンスでの裁判だった。被告は三人の強姦犯で、被害者の女性ふたりの弁護に立ったのは、「女性の立場を守る会」会長でもある弁護士ジゼル・アリミだった。彼女の巧みな弁護により、この裁判は強姦という行為そのものの糾弾としてフランス社会全体に範を示した。それまでフランスでは強姦はたんなる強制猥褻罪としてあつかわれる傾向が強く、警察や司法の態度を前に、被害者の女性は不信感と屈辱から告訴をあきらめることが多かった。「男性の価値観が支配する世界では、強姦は男性の生来の攻撃的な精力と女性の自虐的で受け身な態度によって正当化される[7]」ため、社会全体も性犯罪の重大さを正しく評価せず、対策を講じようとしなかった。こうした強姦をめぐる状況全体をジゼル・アリミは糾弾してみせたのだった。この裁判は強姦をテーマとする討論の場と化し、これ以降、精神的な傷は外傷よりも治癒に時間を要するという見方が定着した。精神的苦痛は、隠すことなく対処しなければ、治癒することはない。エクサン・プロヴァンスの裁判の被害者ふたりは、いかに人格を破壊され、自殺を考えたかを訴えた。ジョルジュ・ヴィガレロも書いているように、「精神的トラウマは、犯罪の重大さを評価する際の重要な基準のひとつになった[8]」。

　エクサン・プロヴァンスの裁判の後、強姦という行為そのものが見直され、再定義された。一九八〇年十二月二十三日の法律は、「暴力や強制、不意打ちという形で行われた男性性器の挿入は、いかなる性質のものであれ強姦とみなされる[9]」と制定している。処罰も重くなり、犯行状況に応じて五年から二十年の禁固刑が課されるようになった。強姦の届け出を思いとどまらせる要素はまだいろいろあったが、件数は増加の一途をたどり、一九九二年には八九二件だったのが一九九六年には一二三八件に達した[10]。この四年の間に、十年以上の禁固刑の判決を受けたケースも二八三件から五一四件に増えた点は注目に値する[11]。
強姦だけでなく、その他の性犯罪に関しても見直しと再定義が行われた。一九九二年の新刑法からは「猥褻罪」という表現が消え、代わりに「性的暴行」という言葉がもちいられている――「暴力、強制、脅迫や不意打ちという形で行われた性的侵害はすべて性暴力とみなされる[12]」。性的侵害という概念は拡大解釈され、心理的暴力も「排斥すべき行為に含まれる新時代をもたらした[13]」。

米国にならい、フランスでもそれまでの権威の濫用のコンセプトを補う形で「セクシャルハラスメント」を新しい犯罪と定めたのは一九九二年のことだ。当時の女性の権利担当大臣ヴェロニク・ネイエルツと下院議員たちは賢明で、この法律の適用を上下関係が存在する場合に限定していた。なぜこのように限定するのかと驚くアメリカ人に、ネイエルツ大臣は、上司ではなく同僚からセクシャルハラスメントを受けた女性は「ビンタをくらわす」べきだと答えたようだ[14]。だが、この良識ある見解はあまりにも早く忘れ去られ、十年後の二〇〇二年一月十七日の法律[15]は、権威を考慮に入れない心理的ハラスメントという新しい犯罪を定めた。職場における中間管理職によるセクシャルハラスメントや心理的ハラスメントは広く存在し、たしかに処罰すべきだ。けれども加害者が上司でない場合には、被害を受ける女性(または男性)に自己防衛の必要を説き、無抵抗な状態に甘んじることのないよう説得すべきではないだろうか?

二〇〇二年四月十七日、雇用と社会問題を任された女性政治家のアンナ・ディアマントプル氏は、ヨーロッパ議会が制定したセクシャルハラスメントに関する法をフランス国民に向けて説明した。それによれば、「相手が望まない性的意味を持つ行為で、言葉による場合も言葉にされない場合も、また身体的な場合も含め、相手の尊厳を傷つける可能性、相手を脅かしたり貶める可能性、悪意や侮辱、攻撃を含む行為[16]」はセクシャルハラスメントとみなされる。加害者は同僚や部下であり得るだけでなく、もちいられている用語があまりにも曖昧で主観的なため、あらゆる行為をハラスメントとみなすことが可能になってしまう点が問題だ。また、現行のフランスの法律とちがい、この定義では「常習的行為」の概念さえ触れられていない。これでは、しつこすぎる視線を指す「ヴィジュアル・ハラスメント」をはじめとする荒唐無稽な犯罪まで生まれかねない。客観と主観、現実と想像の境界はどこにいってしまったのか? 暴力と性的意図を隔てる境界も同様だ。議論の余地のない暴力の例として、ディアマントプル氏はポルノ写真の街頭掲示を挙げており、これが次の標的だと匂わせている。アメリカ流の過激派傾向がヨーロッパでも生まれつつあるのは間違いない。プリンストン大学のように、「学校、職場、社会関係において、相手が望まない性的興味が不快感や問題を生じさせる行為」はすべてセクシャルハラスメントとみなされる時代はそう遠くない。

「女性に対する暴力を命名し数値化する」と題された最近の調査[17]のように、暴力の概念を言葉による侵害や精神的プレッシャーにまで拡大解釈することは、あらゆる解釈の余地を認める危険を秘めている。選択式のアンケートでどうやって「人格侵害」を量ることができるだろう？　公共の場における侮辱行為の境界を定めるのはむずかしいし、人によってとらえ方はちがってくるという問題点も回答者それぞれの判断に任されている。カップルにおける精神的プレッシャーについても同じで、このタイプの暴力を調べるのが目的のはずの九つの質問事項[18]のなかには、腑に落ちないものもある。例を挙げると、「この一年以内に、あなたの配偶者またはパートナーはあなたを批判し、あなたのすることをけなしたか？　あなたの外見について不愉快な発言をしたか？　あなたの服装や髪型、または人前での態度を強制したか？　あなたの意見を無視したり、軽蔑したか？　あなたがどう考えるべきか指図したか?」[19] アンケートのなかでも「経験がある」と答えた回答者の率がもっとも高いこうした精神的プレッシャーに関する質問が、夫婦間暴力の全体評価[20]において「言葉による侮辱や脅迫」や「愛情を盾にとる脅し」、さらには「身体的暴力」や「強姦を含む強制的性行為」と同列に並んでいるのを見ると、不自然さを感じずにはいられない。この計算によれば、フランス人女性の一〇%が夫婦間暴力の被害者であることになるが、その内訳を見ると三七%が精神的プレッシャーを受けたのに対して、「身体的暴力」と「強姦を含む強制的性行為」はそれぞれ二・五%と〇・九%にとどまる。

困惑は増すばかりだ。肉体的行為と心理的感情を同質のものであるかのように並べていいものか? 不愉快で人を傷つける言葉と強姦を「暴力」という名で一括りにしてしまっていいのか? どちらの場合も相手を苦しめるとは言えるかもしれないが、客観的苦痛と主観的苦痛、あるいは暴力と権力の濫用や無礼さを区別した方が、より厳密ではないだろうか? 「暴力」という言葉はどうしても肉体的暴力を連想させるので、誤解を招く残念な結果を生む危険があり、フランス人女性の一〇%は配偶者から暴力行為を受けていると思わせかねない[21]。

アンケート

〈カップルにおける精神的プレッシャー〉

の抜粋

この１年以内に、あなたの配偶者またはパートナーが以下の行為を行った頻度を選んでください。

（一度もない/滅多にない/時おりある/しばしばある/毎回）

1 友人や親戚に会って話すのを妨げた
2 他の男性と話すのを妨げた
3 あなたを批判し、あなたのすることをけなした
4 あなたの外見について不愉快な発言をした
5 あなたの服装や髪型、または人前での態度を強制した
6 あなたの意見を無視したり、軽蔑した。あなたがどう考えるべきか指図した
7 あなたがだれと外出したか、どこにいたか問いつめた
8 あなたと話さなかった、または話し合いを完全に拒んだ
9 生活に必要な支出のために家計費を使わせなかった

「女性に対する暴力を命名し数値化する：第一回フランス全国調査」，マリーズ・ジャスパールとEnveff研究班，『人口と社会』，第364号，2001年1月，4頁。

性質の異なる「暴力」をひとつにまとめてしまったこの調査は、しかもたんなる電話回答をまとめたもので、主観性が強いのも問題だ。配偶者の男性の言い分を聞くことも、内容を深めるための面接も行わずに、回答者の言葉を額面どおりにとらえてしまっていいのだろうか？

混同の論理の横行はこれにとどまらない。「強姦 viol」と「暴力 violence」が同じ語源を持つのがおそらく原因で、性暴力という概念自体がますます広義にもちいられるようになっただけでなく、あらゆる性暴力は、相手の人格の全体性を損なうという意味で、一種の強姦とみなされるようになった。ポルノグラフィを強姦と同一視するだけでなく、奴隷制度やリンチ、拷問、ナチスによるユダヤ人大量虐殺と比べることも辞さないドウォーキンとマッキノンほど極端ではないが、セクシャルハラスメントを強姦と同一視する傾向がフランスでも強まってきている。たとえば、セクシャルハラスメントに関する著作の多い精神科医サミュエル・ルパスティエは、週刊誌『レクスプレス』にこう述べている。「心理的強制力が身体的な力に取って代わっただけなので、セクシャルハラスメントは強姦と同等とみなされるべきだ。権威を有する上司は父親を表象するため、近親相姦的な強姦と言える(22)」。だが、同僚や部下も加害者とみなすセクシャルハラスメントの新しい定義におい

この一年以内に夫婦間暴力を受けたと答えた女性の比率（調査時のカップルの状態別）（%）			
暴力のタイプ	継続中（n＝5793）	別離後（n＝115）	全　体（n＝5908）
言葉による侮辱や脅迫	4.0	14.8	4.3
—頻繁なケース	1.6	8.1	1.8
愛情を盾にとる脅し	1.7	8.2	1.8
精神的プレッシャー	36.5	59.4	37.0
—頻繁なケース	23.5	52.4	24.2
—心理的ハラスメント（1）	7.3	27.3	7.7
身体的暴力	2.3	10.2	2.5
—頻繁なケース	1.3	6.9	1.4
強姦を含む強制的性行為	0.8	1.8	0.9
夫婦間暴力の全体値（2）	9.5	30.7	10.0

(1) 精神的プレッシャーを成す行為の３つ以上、そのうち少なくとも１つを頻繁に受けた場合。
(2) 心理的ハラスメント、頻繁な屈辱、愛情を盾にとる脅し、肉体的・性的暴力の被害。
対象：調査前の１年間にカップル関係のあった20歳以上60歳未満の女性

前掲『人口と社会』3頁。

ても、同じことが言えるだろうか？　ルパスティエによれば、セクシャルハラスメントの加害者は「快楽を得るよりも、女性を侮辱し、貶める必要を感じる」らしい。だが、「女性は加害者に対してどういう態度をとるべきか？」という問いに対する彼の答えは奇妙だ。「できるだけ抵抗するべきだ。『法律で禁止されている。わたしは嫌だ』と答えればいい。加害者はいじめっこの少年のようなものなので、抵抗は可能だ」。ところが、セクシャルハラスメントと強姦の本質的な違いはまさしくそこにある。人気のない場所で屈強な男に襲われた女性が、どう抵抗できるというのだろう？

弁護士エマニュエル・ピエラも、原告の立場から見てセクシャルハラスメントと強姦は同じだと述べている。

セクシャルハラスメントの場合、強姦をめぐって聞かれたある種の言説（中略）が今でもよく聞かれる。被告の弁護内容は同じで、「被害者の女性が挑発した、女性の方も楽しんだ（中略）」といった弁明だ。強姦にしろ、セクシャルハラスメントや児童性愛にしろ、ほとんどの性犯罪において同じ現象が見られ、加害者は被害者を中傷し、罪悪感がないために犯罪行為を繰り返すことが多い(23)。

他方、売春を強姦と同一視する意見もある。売春のさまざまな形態を意図的に混同する売春禁止推進派は、マフィアに売春を強いられる奴隷状態の女性と自分から売春を行う女性とを区別しようとしない。「強姦に反対するフェミニスト団体」がそのよい例だ。

強姦においても売春においても、女性の身体を男性が支配する点は同じだ。売春という制度自体が性差別的な性暴力で、強姦や夫婦間暴力といった女性に対する他の暴力と同格とみなすべきだ。[24]

これを正当化するため「強姦に反対するフェミニスト団体」は、「強姦に関する情報を女性に提供する会」の電話相談に寄せられた相談内容を引き合いに出し、「売春を行う女性の八〇％が子どもの頃に性的侵害を受けたことがあるというデータから、強姦が売春の道に入るきっかけとなることが多いと考えられる」と結論している。[25] 売春禁止推進派はこの八〇％という数字を何度も引き合いに出しているが、実は娼婦のなかでも女性援助団体に相談した女性のみに関する数字であるという重要な点にはほとんど触れていない。相談した女性が娼婦全体に占める割合は微々たるものであることは言うまでもない。実のところ、こうした数字の根底にはイデオロギーがかった偏見があり、それによれば性風俗に従事することは女性にとって最大の屈辱で、強姦に等しいということになる。強姦の被害者の女性が犯罪を糾弾するのは当然だが、娼婦の多くは性風俗と強姦を混同することをよしとしないのが実情だ。にもかかわらず、娼婦たちを黙らせるために禁止推進派は「絶対的犠牲者」という肩書きを生み出した。女性の発言ならなんでもありがたく傾聴するが、娼婦の言葉は聞く価値すらないと言わんばかりだ。娼婦は嘘をつくか、だれかに利用されていると最初から決めてかかっている。娼婦たちの反対意見を無視する非常に高圧的なやり方だし、そうすることで娼婦を侮辱しているとしか考えられない。売春禁止推進派の女性たちは決して認めようとしないが、彼女たちと娼婦たちの間にははっきりとした対立関係がみられる。前者が押しつける犠牲者のイメージを娼婦たちが拒めば、今日広く流布している性に関する理論の大部分が成立しなくなってしまうからだ。

イデオロギーを裏付けるための統計的数値

性暴力という概念が拡大解釈されるようになったため、当然ながら性犯罪の件数は増加した。強姦された女性や夫婦間暴力の被害者にとって、被害を届け出ることがいかに困難かはあえて説明するまでもない。よって、矛盾してはいるが、強姦の届け出件数が毎年増加しつづけるのは喜ばしい現象と言わねばならない。この愚劣な犯罪を野放しにしないという意志の表明であり、しかも実際の強姦の被害は届け出件数を上回る。加害者が知人であるかどうかにかかわらず、強姦された女性にとって、警察に届け出て法的に訴えるにはとてつもない勇気が必要だからだ。屈辱的行為とそれに伴った苦痛をいやになるほど繰り返し供述しなければならないし、裁判までに何年も待たされる。

この点では、強姦をれっきとした犯罪と認めさせた今日のフェミニストたちの活動には拍手をおくるべきだし、そのおかげで孤独な被害者が沈黙することもなくなった。被害者が思いきって届け出る背後には、彼女たちの話を聞いて支援する援助団体の活動がある。どの国においても強姦はこれまで正当に罰せられずにきたが、ラディカルなフェミニストがとんでもない想定件数を主張することもあった。キャサリン・マッキノンによれば、

アメリカ人女性の四四%が強姦または強姦未遂の被害にあったことがある（中略）。近親相姦も多く、加害者が父親の場合が全体の四・五%、親戚の男性の場合が一二%で、

これは十八歳の女性全体の四三％を占める。[26]

計算方法が不明瞭なのと、もとになるデータのソースが明らかにされていないため、数値を操作しようという意図があるのではないかと疑いたくなるのも当然だ。アメリカ人女性の二人に一人が男性による最低の性暴力の被害にあっており、強姦は例外ではなく標準的な行為であると思わせるのが目的なのは明らかだ。こうなると「レイプ・カルチャー」という表現も可能になり、強姦は「男性の正常な行動」と結論される。

一九八五年には、雑誌『ミズ』が掲載した調査のため、アメリカの大学関係者の間に一騒動が起きた。調査を依頼されたのは、正統派のフェミニストとして知られた心理学の教授、メアリー・コスだった。[27] アメリカの大学で実施されたこの調査によれば、強姦または強姦未遂の被害にあったことのある女子学生は四人に一人の割合だった。だが、自らの経験を「強姦」と呼んでいるのは被害者の四分の一にすぎず、しかも三千人の調査対象の学生にコスが行った質問は、「男性のしつこいアタックやプレッシャーに負けて、望んでもいないのに性的行為（セックスにはいたらない愛撫、キス、ペッティング）を受け入れたことがあるか」というものだった。[28] 経験があると答えた学生は五三・七％に上り、暗黙の了解のもと性暴力の被害者として数値化された。

　この「四人に一人」という数字は公式の統計結果となり、大学のウィメン・スタディーズ関係者や女性誌、反レイプ団体、政治家によって引き合いに出されるようになった。アメリカのフェミニズムのスター、スーザン・ファルーディとナオミ・ウルフのふたりは「四人に一人」を振りかざした。この統計の有効性に最初に疑問を呈したのは、カリフォルニア大学バークレー校社会福祉専攻のニール・ギルバート教授と、プリンストン大学で博士号を取得したばかりの研究者ケイティ・ロイヒーだった。ニール・ギルバートは、コスの質問が曖昧すぎ、かつ回答の解釈に偏りがあることを示した。(29) 強姦の被害者として数えられている女子学生の七三%は強姦されたと認識していないし、しかも四二%が強姦犯人のはずの男性とその後も性行為に及んだのはおかしいと指摘した。さらに彼は、大学のキャンパスでレイプ反対キャンペーンが繰り返され、相談窓口も開設されたにもかかわらず、バークレー校の女子学生一万四千人のうち、一九九〇年に警察に強姦の被害届を出したのは二人にとどまる点を強調した。ケイティ・ロイヒーもプリンストン大学に関して同様の指摘を行い、女子学生はいつもセックスを話題にしているのに強姦の届け出がほとんどないのは奇妙だし、「わたしの女ともだちの二五%が被害にあっているとしたら、相談を受けたことがないのはおかしい」と述べた[30]。女性を犠牲者に仕立て上げるこの新種のフェミニズムとその性愛観について、以上の経験からケイティ・ロイヒーが出版した著書『ザ・モーニング・アフター』はベストセラーとなったが、同時に彼女は敵方のフェミニストから憎まれる羽目になった。ニール・ギルバートの方も、ボイコットと誹謗中傷の標的となった。バークレー校のキャンパスで、デモ学生たちは「やめろ、またはアレを切り取れ」と歌って行進した。「ニール・ギルバートを殺せ」というプラカードを掲げる者もいた[31]。

この混乱をうけ、強姦に関するあらたな調査が行われた。国立女性研究所の調査が、アメリカ人女性の八人に一人（つまり一二％）が強姦されるとしたのに対して、ルイス・ハリスは三・五％という数値を算出した。これよりもさらに低い数値を得た調査もいくつかあったが、新聞雑誌では大きく取り上げられなかった。統計の目的は科学的ではなく政治的であることは、だれの目にも明らかだった。強姦の被害者のパーセンテージが高ければ高いほど、アメリカ文化は性差別的で女性蔑視の傾向が強く、アメリカ人男性はきわめて乱暴であるという見方を広めるのに好都合だった。

フランスの場合、Enveff研究班が行った女性に対する暴力に関する調査の結果はこれより納得のいくものだった。性的侵害に関する全体的な結果によれば、あらゆる現場（公共の場、職場、家庭）をひっくるめて一年以内に痴漢、強姦、強姦未遂の被害にあった女性は、二〇〇〇年には回答者の一・二％、強姦に限定すれば〇・三％だった。一九九九年の統計ではフランス本土に住む二十歳以上六十歳未満の女性は一五九〇万人なので、計算するとこの年齢層の「四万八千人の女性がこの一年の間に強姦された」ことになると結論されている（未成年者は含まない）[32]。実際の届け出件数ははるかに少ないので、被害者四万八千人の成人女性のわずか五％しか届け出なかったと考えねばならない。

このデータはかなり深刻な数値なので、もちいる際には慎重さが必要だ。その意味で、「強姦に反対するフェミニスト団体」の二〇〇二年度会報の報じ方には驚かずにいられない[33]。Enveff の調査結果は囲み記事でこう報告されている。

・女性の一一・四％が、これまでに少なくとも一度は性的侵害（痴漢、強姦未遂、強姦）を受けたことがある。経験した時期別には：

――十五歳以前は三四％

――十五歳から十七歳までは一六％

——十八歳以上は五〇%

・女性の八%が一度は強姦あるいは強姦未遂の被害にあった（内、三分の一は未成年）

二十歳以上六十歳未満を対象とするEnveffの調査には見当たらないこれらの数字は何に依拠しているのか？　未成年女子に対する暴力に関する調査がどこに存在するのか？　電話相談の内容をもとに算出した数字だろうか？　もしそうだとしたら、七千人の女性を対象に行われた全国調査の結果と混同するのではなく、その情報源を明示するべきではないか？　強姦あるいは強姦未遂の被害にあった女性は八%という数値にしても、今回の調査のデータだけでどうやってこの数値を得たのかわからない。

この八%という数値が本当だとすると、今後は暗いニュースが絶えないことになる。ジャーナリストのマリー＝アンジュ・ル・ブレールが自らの体験をもとに制作したドキュメンタリー番組『レイプ』がテレビで放映された際、それを報じたふたつの記事は別の数字を伝えている。[34]「フランスでは女性の八人に一人が強姦の被害者」と書かれており、これだと八%ではなく一二%の計算になる。ル・ブレールはこのテーマに関して本も出版しており、その裏表紙にも「八人に一人」という数字が見られるが、本の中味には「女性の八人に一人が一生に一度は性的侵害を受けるだろう」と書かれている。[35] Enveffの調査をみるまでもなく、性的侵害には強姦以外も含まれる。望んでいないペッティングと、ナイフで武装した二十三歳の若者に駐車場で強姦されるのを同レベルで論じることはできない。どちらの場合も、被害者のトラウマは同じだと主張する流派もあるようだが、[36] その違いは明らかだ。こうなると、それでなくても強姦に関する調査はむずかしいのに、統計数値を意図的に膨らませることで、女性は乱暴な男性の犠牲者であるというイメージを必要以上に強調していると判断せざるを得ない。

セクシャルハラスメントに関する統計についても同じことが言える。さきほど言及したセクシャルハラスメントに関する新しいEU法を説明した際、アンナ・ディアマントプル氏は「EU加盟国の女性の四〇から五〇%が望んでいないのに性的誘いを受けたことがあり、国によっては八〇%にのぼる」[37] と述べた。フランソワ・トリュフォー監督の『夜霧の恋人たち』（一九六八年）の主題歌にも使われているシャルル・トレネのシャンソン「奪われたキス」ではないが、「望んでいない性的誘い」は何を指すのか？ 軽はずみな行為か、余計な言葉か、それともしつこい視線だろうか？ こうした新しい判断基準に問題があるのは、ケイティー・ロイヒーも的確に指摘しているように、望んでいない性的誘いは男女関係においては自然な現象で、かつ文化の一部だからだ。

こちらが望む性的誘いを受けるためには、まずかなりの数の望んでいない誘いを交わす必要がある。実際、だれからも性的興味を持たれないよう注意するとしたら、人はひどく孤独になるだろう[38]。

この新しい動きの結果、女性を犠牲者とし、男性に罪悪感を与える傾向が一般化した。ドウォーキンとマッキノンほど極端ではなくても、女性は徐々に弱くて無力な子どもの地位を与えられつつある。フロイトが「背徳的でとらえどころがない」と定義する以前に考えられていた罪のない子ども、大人に抑圧されて無抵抗な子どもの地位だ。旧い家父長制の時代、永遠に成人することのない女性は一族の男性に擁護されねばならなかった時代のステレオタイプに逆戻りだ。ただし今日では、守ってくれる男性はもういない。家父長制にいわば「男権制」がとって代わった。男性による暴力はそこらじゅうにみられるので、男性全員を警戒せねばならない。子どもが両親の保護を必要とするように、子ども同然の女性は司法に頼らねばならないわけだ。

このアプローチの最大の問題点が、女性に対する暴力の告発自体でないのはいうまでもない。問題は、その暴力の原因の方だ。もはや性犯罪者や変質者だけを訴えるのではなく、人類の半分にあたる男性全体が根深く一般的な悪に冒されているので、これを糾弾せねばならなくなった。男性精力の原則そのものが告発されているといっていい。こうしてドウォーキンとマッキノンは、男性支配（male dominance）はアメリカ文化の産物だと主張できるようになった。男性支配は「常に至る所に存在する」という集団的告発の結果、男性支配は自然かつ普遍的で生来のものとして恐れられるようになった。変えるべきは男性自体、つまり男性のセクシュアリティで、これこそ社会における女性の抑圧の根源なのだ、という論理になる。

フランスでは、あからさまに男性のセクシュアリティを告発するのを控える傾向があるが[39]、それでも大学人の間で徐々に成立したコンセンサスによれば、男女の関係は性的な社会関係であり、「男性支配」[40]こそ女性の不幸の究極の理由であるとされるにいたった。二〇〇二年三月八日の「女性のための日」の機会を利用して、『ル・モンド』紙に「女性の不安な状況」と題された記事を発表したフランシーヌ・バヴェとジュヌヴィエーヴ・フレスはこうした傾向を再確認している。

強姦は強盗と同じく基本的に男性の行為なので（中略）、暴力には性差がある。暴力に性差があるということは、世界中どの地域の社会も男性支配によって成り立っていることを意味する。（中略）強姦や投石による死刑、[*3] セクシャルハラスメント、売春、さらには侮辱から蔑視まで、野蛮な行為はすべて男性支配の力を示している。

体面上、だれも認めようとはしないが、男性による力の濫用を糾弾するはずだったのが、男性の性を全面的に告発するにいたっている。一方に無力で抑圧された女があり、他方に乱暴で支配と搾取を行う男があるという構図で、対立関係は動かしようがない。この罠からどうすれば抜け出せるだろう？

2　思想面での困難

シモーヌ・ド・ボーヴォワール以降のフェミニズムは混乱し、矛盾に満ちている。共通しているのは、ボーヴォワールという先人の批判のみだ。性差を理解せず、女性のアイデンティティの存在を否定し、抽象的な普遍性を称揚したのは、男性的な普遍性を隠す手段にすぎなかった、など[41]。そうすることで、男性という主人に同調するよう女性を促し、女性をより疎外することになる幻想を生む企てに心ならずも加担した、とされる。ボーヴォワールとその一派は「女性の差異を認めまい」とするあまり、女性を男性化させた罪があり、「男性中心主義という罠」に陥ったともいわれる[42]。裏切り者、女性蔑視という批判まで出かねない。

『第二の性』が女性性をとらえていないのは事実だし、女性を母性によって定義することを頑なに拒みつづけたのも本当だ。だが、生物的側面が女性の第一の定義でないと主張することで、女性が閉じ込められていた牢獄、すなわち全能の自然が定めた性的ステレオタイプを破壊したのはボーヴォワールだということを忘れてしまっていないだろうか。自然に由来する必然性よりも自由の方が重要だと主張することで、ボーヴォワールは精神構造の変化をうながしたのであり、避妊と中絶の権利を認めさせるのに貢献したことは否めない。この二つの権利がいかに貴重なものかはあらゆる女性が理解するところだが、この革命的な権利の獲得によって自然に対する文化の優位性が決定的に実現されたことをあえて認めようとしないフェミニストもいる。

今日のフェミニズムが抱える理論上の問題はここにある。昔からの紋切り型を持ち出すことなく、いかに女性の性質を再定義するか？　自由を脅かすことなく「自然」についてどう語ればいいのか？　ジェンダーの牢獄を再現することなく、性の二元性をどう主張すればいいのか？　こうしたむずかしい問題に対するフェミニストたちの答えは多様で、対立している。多数派は本質主義への回帰をきっぱりと拒否するが、今日よく主張される二元性を論証するにはアクロバット的な知的操作が必要で、満足できる結果は得られていない。文化を少し自然に混ぜ合わせるか、または分量を逆にするか？　フェミニストたち（男性も含め）は各自さまざまな男女関係のモデルを提唱しているが、そのモデルがどのような結果をもたらすのかはあえて見極めようとしない。今のところ、いろいろな要求がまず出され、それを理論的に正当化するのは後まわしだ。哲学的説明を与えられても女性全員が納得しないのも仕方がない。政治参加における男女同数《パリテ》の原則を承認させた時もそうだった。憲法に性の二元性を書き込む[*4]ことを可決した際、男女同数《パリテ》賛成派の多くは進歩のためには原則を忘れることも必要、と目をつぶったのだった。

自然主義と対立的二元性

「差異を認めた上での平等を」と叫ばれ、「それは意志の力で実現可能だ」とも主張される。古今東西、性差はつねに男性上位の階級社会としてあらわれ、もっとも発展した社会でも見られるのだから、この構図は古代から変わらない不動のものだとフランソワーズ・エリティエは強調する。[43] けれども、この現象は普遍的ではあるが同時に文化的なものなので変更可能だ、とエリティエは結論してゆずらない。『男性性と女性性』第一巻『差異の思想』では、女性による生殖を男性が支配しようとするので「性によって異なる誘発性」が生じてくると述べたエリティエだが、[44] 数年後に出版した第二巻『ヒエラルキーの解体』で、ついに男性支配に終止符を打つための手段を見つけたと示唆している。

女性が監督下におかれ、男性とちがって法的に自立した人格としての地位を奪われたのは、生殖者としての地位に女性を閉じ込めることが目的だったとすると、この分野での自由を回復することで女性は尊厳と自立を獲得できるだろう。避妊の権利が認められるには、それに先立つさまざまな条件、すなわち結婚の同意、夫を選ぶ権利、一方的な離縁ではなく法にもとづく離婚の権利、思春期以前の少女の親による結婚の禁止などが伴う。避妊の権利と女性が自分の身体を自由に処する権利こそ、男性支配が生じる過程の核心をついているため、女性が尊厳と自立を得るためのもっとも有効な手段となる[45]。

避妊の権利が女性解放のための手段とは、なんとも古びた発見だ。一九九六年出版の第一巻の結論で、生殖をコントロールすることで進歩はしたが、「頭のなかと表象体系[46]」においては進歩が見られないので、真の進歩ではないと述べたのはエリティエ自身ではなかったか？　フランスで避妊と中絶の権利が法律で認められたのはそれぞれ一九六七年と一九七五年のことだし、フランスよりも先に認めた西洋の民主国家もあることはいうまでもない。となると、西洋の女性が生殖をコントロールできるようになって三十五年以上になるのに、男性支配が普遍的にみられると主張するのは奇妙ではないか？　実はこれは、男性優位という歴史的事実（こちらは確かに避妊によって打撃を受けた）と、前時代的だといわれるわれわれの考え方とを取り違えている証拠ではないだろうか？　差異は階級制と不平等の観点でとらえられる傾向が一般的にみられるというフランソワーズ・エリティエの主張は正しいが、この差異を男性による女性の生殖力の専有と結びつける点には賛成できない[47]。なぜなら、避妊と中絶によってこの専有は途絶えたにもかかわらず、差異はあいかわらず不平等の観点でとらえられているからだ。ということは、男性優位にさからうよりも平等・不平等といった物事のとらえ方を捨て去ることの方がずっと困難だと考えられる。差異を認めた上での平等という欲求はユートピアのようなもので、男性のジェンダーだけでなく人類全体が途方もない進歩を遂げなければ実現不可能だ。すでに示したように、男性だけでなく女性も平等・不平等という旧式のカテゴリーに囚われている[48]。とはいえ、男性支配に対抗するための正当な防衛手段としてこのカテゴリーを持ち出すことは、女性にとって好都合なのだろう。

一九八〇年代末以降、差異の権利を主張する声が四方から起こり、高まりつつある。この新しい権利はあらゆるマイノリティ、コミュニティ、また個人によっても要求され、多くのフェミニストの十八番《おはこ》にもなった。こうしたフェミニストによれば、女性性の権利は脅かされており、男性化した女性は知らぬ間に女性としてのアイデンティティや自由、価値感を放棄する危険があるというのだった。「単一の性と母親殺しからなる民主主義[49]」に対する抗議ばかりが聞かれた時代だった。女性殺しという造語まで飛び出し、性とジェンダーの未分化の恐怖がふたたび囁《ささや》かれた。性の混同が起こる危険はなかったが、それでも単一のジェンダー（当然ながら男性的）の登場とジェンダーの二元性が揺らぐことを同時に恐れたのだった。「単一も多元もお断り」、というわけだ。
精神分析学者アントワネット・フークは『性はふたつ』と題された本を書いて、女性の目を覚まさせようとし、哲学者シルヴィアーヌ・アガサンスキーも次のように述べた。

差異を縮めるという理想、あるいは〝ジェンダーの消失〟とも呼ばれた理想は、個人の単一化を目指すという点で、全体主義的な妄想といえるだろう。こうした類似性によって対立を免れた同類ばかりからなる社会を夢見ることほどおぞましいことはない。(50)

残る仕事は、わたしたち女性を男性と区別する立派な差異を再定義することだった。男性の特性の方は大理石に刻まれたかのごとくに不動で、進化するフリをするが、実のところ変わりはしない。フェミニズムがなにかを勝ち取るたび、男性は新しい支配の方法を編み出してきたのだ。(51) 先史時代から今日にいたるまで、男は変わっていない。よって、善良な母なる自然と根本的事実に立ち戻るしかない、というのだった。アントワネット・フークは女性たちに向かって母性の偉大さを説き、男性という太古からの敵によって母性は過小評価され隠蔽されてきたと主張している。今こそ男女間の非対称を正しく認識させ、女性は男性よりも優位に立つための特権を備えていると認めさせるべきだ、とフークは説く。生殖能力ゆえ、女性はより人間的かつ寛容で、道徳的にもすぐれている、というのが彼女の説だ。リュス・イリガライがずっと以前にそうしたように、フークも母と娘のカップルに救いを見出している。

娘と母親をつなぐ特殊な関係を再活性化させることは、単一性や一神教、〝神は一つ〟という考え、単一民主主義などの牙城の崩壊を試みることで、（中略）家父長制を強要する世界がいかに歪んでいるか示すことになるだろう（中略）。母となる娘に母親が伝達する実践や知恵、能力は女性だけの系図を構成していて、古来のモデルを越えた何かを秘めているように思われる（中略）。よって、女性は男性とは違う能力、懐胎に関係する活発な性質をおびた能力を持っている。[52]

対立的二元性を再構築しようという意図をフークは隠そうとしない。隠すどころか、「妊娠と懐胎のように、異質物を身体が受け入れる、つまりは精神が受け入れる自然現象はほかに存在しない。あらゆる移植術のモデルはここにある[53]」と宣言する。よって女性

(ここでは母親)は「受け入れ能力」を備えており、男性の大多数にはない美徳が女性の身体に組み込まれている、というのだ[54]。ここまでくると、泣いていいのか笑っていいのかわからなくなる。生物的側面を女性の美徳と役割の基底とするこのようなアプローチは、子どもを産まない女性と男性を一気に閉め出してしまう。男性が決して救われないのはいうまでもないが、女性に関しても、子どもを産んでいたらヴァージニア・ウルフは自殺しなかっただろう、あるいはルー・アンドレアス＝サロメは「生殖を知らなかった」ので神秘主義者のままだった、という論調がみられる。レズビアンも不妊症の女性も、子どもを産みたがらない女性も同じだろうか? このアプローチがどのような結論を招くか考えるべきだろう。

セクシュアリティの経験よりもむしろ母性を女性のアイデンティティの拠り所とみなすのはシルヴィアーヌ・アガサンスキーも同じだ。生殖という体験には「一種の性の意識」が伴うとアガサンスキーは述べているが[55]、そこから倫理的結論を引き出そうとしない。アガサンスキーがテーマとするのは両性の相互依存と、とりわけ生殖において性差がもたらすアイデンティティの影響だ。彼女にとって、男女が相互に依存するのは自然なことで、「人類は生まれながらに異性愛者」なのは自明のこととみなされる。よって、人間は「異性を求め、生殖のために異性に依存するように作られている（中略）。同性にしか興味を持たない同性愛は予定外の性向で、たとえ数は多いにしても規則を確固たるものにする例外のようなものだ」[56]。アガサンスキーの結論によれば、「男女という二つの性が相互依存をやめ、乖離してしまっては」性差を論じることはできないし、「異性を求めるのではなく同性を求める、いわゆる同性愛」も性差の範疇を越えることになる。彼女の論旨は一貫していて、「男性と女性からなるヘテロの両親というカップルのモデル以外に考えられないのは、家系というものは、男女両性が次世代を産むという自然なモデルに基づくべきだからら」と述べている[57]。

男／女という二元性がここでは同性愛／異性愛の二元性と重なりあっている。異性愛も同性愛と同じように問題を抱えていると教えてくれたのはフロイトだが、異性愛が自然に基づくという考えは今日では容認しがたく、アイデンティティという哲学的な問題と男女関係という政治的な問題を同時に解決するのに生物学や解剖学を拠り所とするようでは、自然主義への回帰をまぬがれない。フェミニズムの理論家全員が同意するわけではないが、自然主義への回帰には明白かつ簡明であるという大きな利点がある。三十年におよぶ問題提起と脱構築の末、世論に受け入れられやすい「良識」というものが重んじられるようになってしまったようだ。

男性による支配という概念

この三十年来、男性支配狩りがつづいている。あらゆる機関、家庭や職場、性関係、無意識など、男性支配はそこら中に見られる。男性中心主義が蔓延しているが、正体を見せない分、より恐ろしく、ウィルスにも似て変幻自在だ。撲滅したと思ったら、すぐに別の形で発現する。女性を支配することで得られる物質的かつ性的特権を、男性は決してあきらめようとしないかのようだ。

ニコル＝クロード・マチュー(58)、コレット・ギヨマン(59)、クリスティーヌ・デルフィー(60)の先駆的な研究から最新のメンズ・スタディー(61)にいたるまで、男女間の関係を専門とする社会学者と人類学者は皆、多かれ少なかれ「男性性は優位に立ち覇権を有するジェンダーだ(62)」と認めている。ダニエル・ヴェルツェール＝ラングによれば、男性支配の存在は今日では自明のことで、「男女の関係を性の社会的関係とみなす」コンセンサスが成立している。

社会というもの全体がある象徴体系によって二つに分断され、男性と男性性には高貴な役割が与えられるのに対して、女性と女性性はより価値の低い役割と仕事を与えられている。この世界の二分化、ジェンダーにもとづく世界観は暴力によって維持・管理される。夫によるDVから職場での暴力、さらには戦時下の強姦まで、ありとあらゆる暴力によって集団のレベルでも個人のレベルでも、男性は女性を支配する権力を保持する。(63)

よって、人種差別やファシズムと闘うのと同様、男性支配とも闘わねばならない、というのだ。

これにはいくつかの疑問を禁じ得ない。男性支配とそれを可能にする暴力がそれほど普遍的だとすると、救いはどこにあるのか？ フェミニストを自認する男性が、搾取をやめるよう同性に向かって説得してくれるのだろうか？ 男性全体が問題を意識し、自己批判を始めるのだろうか？ それが可能だとしても、精神構造や行動、とりわけ諸機関の変革につながるだろうか？ もちろん、あえて男性の性質には言及しないよう心がけているのは、性質に関して論じはじめると変化はまったく期待できないし、男女の分離主義という非現実的な解決法以外は考えられなくなるからだ。それでも、こうした議論にありがちな普遍的な見方は、伝統的な男性性をかえって固定し、「本質化」する難点がある。ボルドーのモスクの指導者で、自由主義だとみなされているタレック・ウブロフは、「男性の優越性は事実で、〝文化を越えた不変要素〟だ」とした上で、それを「動かしがたい差異、すなわちY染色体」によって説明している。[64] Y染色体を認めないとしたら、支配につきものの確固とした男性性は何に由来するのか？　太古の昔から女性の生殖能力に嫉妬してきたのが原因だとする者もいれば、セクシュアリティに関連すると考える者もいる。勃起は力の象徴であり、ペニスという武器を用いて男性は女性を所有し、貶める、とアメリカのラディカルなフェミニストたちは主張する。あるいは、男性性には社会的特権が与えられるという考えもある。男性は資本家、女性はプロレタリア労働者にたとえられるこの構図では、男性が女性に権力を譲歩するのは細部においてのみで、それも全体において支配力を保持するため、となる。社会学者フランソワ・ド・サングリーによれば、

〝ニュートラル化〟を装いながら、男性支配は強化されたと言っていい。男性優位主義の男たちが敗北したようにみえるのは、まやかしにすぎない。男性階級はあるテリトリーを女性階級に明け渡したが、それはよりよく攻撃に耐えるための戦法なのだ。男女それぞれから見ていかにも男性の専門領域にみえるテリトリーを男たちは明け渡したが、

残りの領域では男性が覇権をにぎったままだ。

サングリーは「科学、コンピューター工学、政治といった、〝ニュートラル〟にみえる自己主張のテクニック」を挙げている[65]。

こうした意見を前にすると、くじけそうになる。男性支配は「文化を越える」だけでなく永遠のものだというのだから。とはいえ、あきらめない男女もいる。たとえばフェミニストの活動家ジョン・ストルテンバーグは「男であることを拒否[66]」し、男性性の終焉を解決方法として訴えている。ここまで極端ではなくても、教育と精神分析が頼りになると考えられている。「性差別に反対する男性の全国組織」（NOMAS）で活動する精神科医テリー・クーパーズは、「性差別的になることなく男性が自らの力を感じられるような、力そのものの再定義[67]」の必要性を説いている。ダニエル・ヴェルツェール＝ラングはといえば、NOMASのスポークスマン、マイケル・キンメルが提唱する解決策、「男も無力さを学ぶべきだ[68]」に同意している。

それでも、二重の困惑が残る。状況分析と解決策の両方に関する困惑だ。悲観的意見はあるにせよ、西洋の女性がおかれている状況は大きく変化し、それにともなって女性の行動も変化した。進歩することがないのは男性だけだろうか？　男性という実体は不動なのか？　女性の階級と男性の階級といった二陣の対立が一般化されると、どうしても違和感がある。本質主義的な女性のステレオタイプをこれまであれほど拒否してきたフェミニストたちなのに、男性に関しては本質主義の罠にはまっているのではないか。普遍的な唯一の男性性があるのではなく、いくつもの女性性が存在するように、男性性もいくつも存在する。二項分類が危険なのは、単純で硬直した枠組みを優先するために現実の複雑さを見逃す傾向があるからだ。ある性（ここでは男性）を「ひとまとめに」糾弾するのも、性差別のようで困惑を誘う。男性を「再教育」しようという意志もいやな過去を思い出させる。はっきりと言葉にされていてもいなくても、「ある男たちの横暴と闘おう」よりもむしろ「男そのものを変えよう」がスローガンになっていて、全体主義的なユートピアを思わせる。性の面からみた民主主義は完全ではありえず、一歩一歩実現するしかないことを忘れてはならない。

結局のところ、「男性支配」という概念は物事を単純化・単一化してしまうので、むしろ障害になっているのではないかと問いたくなる。ラディカルな他者性であるため、「男性支配」というコンセプトは現実の複雑さや歴史性、男女関係の変化について考えるのを回避するのに役立っている。「なんにでもあてはまる」コンセプトだからこそ、男性と女性を対立するそれぞれの陣地に押し込めてしまい、男女の相互的影響関係を理解したり、人類としてのそれぞれのあり方を探る可能性を奪ってしまっている。

二元論

性の階級構造を破壊するのが目的のはずが、対立的な二元性はあらたな階級制を生み出しつつある。力の階級構造から道徳のそれに横滑りし、支配する性は悪、抑圧される性は善に結びつけられる。犠牲者、とりわけ幼い犠牲者があらたな地位を得たことで、この移行はさらに強まった。

一九九〇年代、さらには一九九六年のデュトゥルー事件[*5]以後、それまで黙認されつづけてきた小児性愛がやっと犯罪として認められるようになった。このような下劣な犯罪に加担したり、見逃したりするのをやめるよう呼びかけるあまり、当時の新聞雑誌を読むと、小児性愛関係の犯罪が急増したような印象さえある。小学校の教諭や司祭が毎週のように尋問を受け、子どもに接する仕事にたずさわる人々の間に一種の強迫観念が芽生えたようだった。これをうけ、当時の学校教育担当大臣セゴレーヌ・ロワイヤルが一九九七年八月二十六日に通達を出し、刑法で規定されている義務を教師にわざわざ再提示した。

教育省の一員である教師に、生徒がなんらかの行為の犠牲になったと告げた場合、公務員としてただちに共和国検事に直に通知しなければならない[69]。

大臣本人が夜八時のニュースに登場し、文書の意図を説明したほどだった。子どもの言葉は尊いので、公務員には告発する義務があるというのは世論も認めるところだ。別のテレビ番組でもセゴレーヌ・ロワイヤルはくりかえし「子どもは嘘をつかない」と主張したため[70]、これに同調する記事を新聞雑誌に発表する小児精神科医も複数あらわれ、虐待された児童の擁護団体のひとつは「反証があらわれるまでは子どもの言葉を真実とみなす[71]」ことを法律に明記することを要求した。「真実は子どもの口から漏れる」という諺がよみがえっただけでなく、犠牲者は常に正しい、がより一般的で明白な事実として受け入れられるようになった。精神科医ポール・ベンスッサンが強調するように、「犠牲者は犠牲者であるがゆえに真実を語る、という考えを主流派が押しつける[72]」わけだ。

犠牲者が子どもから女性に移るのはあっという間だ。どちらも男性という加害者・支配者の無垢で無力な犠牲者だからだ。「犠牲者はいつも正しい」という考えが、「犠牲者は悪の力に脅かされる善を具現化している」という考えに知らぬ間に発展する。この二元論的な見方から生まれる結果は二つに大別できるが、どちらも差異主義に依っている。

一方は、分離主義を提唱するラディカルな主張だ。女性によるナショナリズムに関する文献を分析したリリアヌ・カンデルは、「フェミニズム運動に常にみられたこの側面[73]」の二重の意義を存在論と道徳の点から明らかにしている。一九八〇年代前半にティー＝グレース・アトキンソンが批判した「女性によるナショナリズム」は、「女性の精神と能力、感情に固有のひとつの性質を前提としており、この性質により女性は男性とは根本的に異なり、同化不可能な実体をなす」とされる。たとえばリュス・イリガライは一九八九年の著作において男性と女性の対立を明示し、女性を理想化している。「いたるところで戦争を繰り広げる男という民族は、伝統的に肉食で、時には人肉を喰らうこともある。食べるためには殺さねばならず、自然をますます支配下におさめる必要がある[74]」。女という民族は母性という徳によって動いているので、まったく逆だ。このタイプのフェミニズムは、エコロジーおよび菜食主義思想と手を結んだため、次のような政治的な忠告が生まれてきた。

> 女たちは自分の生活と、自分の子どもの生活を守る市民権を得るだろう。男の掟（中略）によって一方的にくだされる決定にさからって、自分の住居、自分の伝統、自分の宗教を守るのだ。テレビをはじめとするメディアも半分は女性向けになるだろう。

さらにはこう結論している。「女性は世界の市民の半数を占める。女性は市民としてのアイデンティティと、それに見合う権利を獲得するべきだ[75]」。「女性というグループに固有の独特の権利」に基づく法体制が必要、というわけだ。リリアヌ・カンデルも指摘しているように、差異の権利の主張に乗じて、権利の違いが要求されているのがわかる。

性的二元論から生まれる結果のもうひとつのパターンは、女性によるナショナリズムの別の流派で、一九七〇年の「女性解放運動」（MLF）創設時の文書にすでにみられる。彼女たちが「わたしたちは民衆だ」と断言する時、民衆とは本物の民衆、すなわちプロレタリアを指している。

> 体制を転覆し、いわば世を救うための組織を女性たちは構成し、革命やあらゆる抑圧

の撲滅、あたらしい人類の到来といった、以前は武器をとった民衆やプロレタリアが掲げた目標を使命としている。(76)

一九六八年の五月革命の古くさい名残だと思うのは間違いだろう。使われている言葉は時代がかっているが、表明されている思想の方は今も通用している。一部の女性が言うように、支配の文化にどっぷりつかっている男たちにはまったく期待できないとすると、事態を救えるのは女性、慈悲深く平和的な犠牲者である女性しかいない、となる。

近年にも、この二元論の例がフランスで見られた。一九九二年から九九年までつづいた政治参加における男女同数《パリテ》の原則に関する議論の過程で、とっくに時代遅れになったと思っていたいくつかのテーマが再登場した。最初、男女同数《パリテ》という案は、下院の女性議員があまりにも少ないのを是正するための、ほとんど技術的な策として提案された。(77) 人類の半数は女性なのだから、議席の半数を女性のものに、という解決策は、わかりやすさと一種の統計学的自明さが魅力だった。この時点では、差異主義や女性の性質は問題になっていなかった。

男女同数《パリテ》が議論される以前から、いちはやくこの問題に取り組んでいたのは女性政治家たちだった。この点で右派・左派といった区別はなかった。一九八四―八五年にすでにマリエット・シノーが四十人の女性政治家を対象にアンケート調査を行い、ほとんどの回答者が女性政治家の「人間性」を強調した。「他人に注意し、話を聞く能力、現場の状況の精通度（中略）に関して、女性政治家の方がすぐれている」という結果だった。[78]一九九二年以降、著名な女性政治家たちが女性固有の資質を根拠にあげて、男女同数《パリテ》を擁護した。シモーヌ・ヴェイユによれば、

女性政治家は男性ほど野心がないので、行動を起こし、具体的な結果を得ようとする。そのためにはリスクを冒すことも厭わないし、形式にもそれほどこだわらない。（中略）問題を解決するために意志と勇気をもって突進する。[79]

裏返せば、男性政治家は自分のことしか考えないし、結果は二の次で勇気もない、となる。社会党のマルティーヌ・オブリも同じような意見で、「女性政治家は権力よりも行動を優先するので」地に足がついており、「これまでとはちがった政治のアプローチ、より具体的で身近な政治」を実現することができると述べている。[80]エリザベット・ギグーも同

意見で、「勇気、粘り、献身」という女性活動家の美徳を長々と列挙し、政権についている女性は野心よりも思想を優先すると述べている。女性政治家は「だれでもどこか反抗的で」、権力や政治の世界の華麗さや格式にとらわれない[81]、と主張する。つまり、女性政治家は同僚の男性よりもはるかに好感が持てる、となる。エリザベット・ギグーは論を進め、アントワネット・フークをはじめとする差異主義のフェミニズムの主張を引いている。生殖に由来する男女間の決定的な差異に関するフークの説を信奉するギグーは、「性はふたつあるからこそ（中略）、子孫と希望を残すことができると認めるべきだ。これこそ象徴レベルでの差異化の第一歩で、ふたつの性はふたつの世界観を意味する」と結論しているので[82]、政治のやり方もふたつあると言いたいのだろう。

たしかに、男女同数《パリテ》推進派の主張に見られる二元論は、いわゆる分離主義ほど挑発的だったことは一度もない。とはいえ、男性に比べると女性は好戦的でなく、虚栄心も強くない、他人のことを気にかけていて、より具体的、また生と自由のための闘いに身を捧げている……とくりかえすあまり、その裏側に戯画化された男性の像が浮かび上がってくる。そんななか、理想化された母性が再び顔をのぞかせたのは、女性の道徳面での優位性とその特権を同時に正当化するためだった。本来はこの態度に反対の者も男女同数《パリテ》推進派のなかにいたが、目的達成のため誰もあえて異議を唱えようとしなかった。

ここ数年来、流布しているこうした言説から生まれたのが、女性に関する「良識的意見」とも呼ぶべき態度だ。女性は男性社会の犠牲者であると同時に、男性がもたらす損害をつぐなう勇敢な兵士のひとりとなる。クリスティーヌ・クレルクの「女性よ、がんばって繕《つくろ》いましょう！」と題された記事が典型的だ。

政府と議会の両方において圧倒的多数を占める男性たちは、男性の名前のついた法律を制定しておきながら、数多くの法律に違反している（中略）。女性たちは、老人、病人、社会的弱者、暴力の犠牲者、青少年、避難民を世話するために幾千もの協会を組織する。

女性議員は社会福祉に力を入れるので、「国民すべてとすべての問題に注意を払うが（中略）、そのためにかなりのリスクを負うことも多い」と述べ、ナンテール市長J・フレッスや、アジャン、ストラスブール、ボヴェ、アミアンといった都市の女性議員の日々の勇気をごちゃまぜに称えている。パリはといえば、市長ベルトラン・ドラノエが刺されるやいなや、アンヌ・イダルゴという女性が第一線に立った。政治の世界に進出する女性たちはすばらしい、男性の後始末をしてくれてありがとう、といった調子だ[83]。

勇気、自己犠牲、献身、これこそ父親の悪徳も衝動も知らない善良な母親の美徳だ。だが、もっと注意して見ると、現実は対立的二元論が主張するほど単一でも単純でもない。二〇〇〇年の政府統計によれば、八万三千八百人の子どもが虐待の危機にさらされている[84]し、二〇〇二年十二月八日には高齢者問題を担当する大臣が、八十万人の高齢者が虐待されていると発表した。子どもと老人の世話は女性の専門だったはずなのに、どうしたことだろう？

混同は、知識を得るための適切な方策ではない。片方の性を集団レベルで告発するのは公正ではなく、性差別といっていい。暴力を男性の悲しい専売特許とみなすと、正常な状態と病的な状態を取り違えてしまう。偏った診断では、正しい処方箋は得られない。

2章　故意の言い落とし

現実問題の解決に取り組むと、現実自体の多様性をどう考慮に入れるべきかという問題に必ず突き当たる。

フランスとヨーロッパで行われた最近の調査では、女性に対するDVの現状は極めて深刻で、驚くべき比較が行われている。欧州評議会の最新の報告によれば[1]、ヨーロッパの女性の五人に一人が暴力を受けていて、大抵の場合、加害者は家族の一員とされている。女性が死亡したり、障害を負ったりする場合、「癌や交通事故、さらには戦争」よりもDVが主な原因になっているらしい。フランスでは、夫による暴力が原因でひと月に六人の女性が死亡している。スペインでは、ほぼ一週間にひとりの割合で夫または同棲相手によって女性が殺されるため、「昨年、夫婦間のテロは「バスク祖国と自由」（ＥＴＡ）のテロの三倍の犠牲者を出した」とある。二〇〇一年のフランスのＤＶの犠牲者は百三十五万人で、女性全体の一〇％を占め、(2)スペインも二百万人で一一％を占める。ただし、暴力的な夫によって妻が殴られ、殺害される、という風に記述は詳細を欠いている。ここで思い出してほしいのだが、フランスのEnveffの調査では暴力というコンセプトは肉体的暴力だけでなく、夫婦間でもっとも頻繁にみられる精神的プレッシャーをも含んでいた。精神的あるいは言葉による暴力も、くりかえされると肉体的暴力と同じだけの被害を与える、と心理学者たちは主張している。

こうした統計を見ると、男性による暴力という疫病が再発したかのような印象を受ける。地球上のもっとも問題のある地域とヨーロッパとの間にほとんど違いはないかのようだ。統計にさっと目をとおす者や、男は生まれつき質《たち》が悪いと思っている者は悲観的になりがちだが、もう一度よく考えてみよう。ヨーロッパのどの国でも離婚は認められているのに、精神的プレッシャーのみを受けている(3)多くの女性が離婚を選ばないのはなぜだろう？　荷物をまとめて出て行けばすむのではないか？　もっとも明白な理由として考えられるのは経済的理由で、母親が自分と子どもの生活費を稼げない場合だ。ところが、欧州評議会の報告には次のようにある。「貧困や学歴の低さは重要な要因ではない。ＤＶの頻度は収入と学歴が高いほど上がるようでさえある」。この報告書の作成者が引用しているオランダの調査によれば、女性に暴力をふるう男性はほとんど全員、大学を出ている。暴力を受ける女性の方も大学出とはかぎらないが、加害者のもとから逃れようとすればできるのに、そうしない女性（あるいは男性）の受け身な態度には驚くばかりだ[4]。奇妙なことに、この答えは後で取り上げる男性のＤＶ被害者のケースから浮かび上がってくる。

その他、年間五万人のフランス人女性が強姦にあっており、二〇〇一年にスペインで夫の暴力を届け出た女性は四万千人にのぼり、二十五歳から三十五歳までのギリシア人男性の四人に一人は妻や同棲相手の女性を一度は殴ったことがある、というデータを見ると、こうした暴力的な男性をどう形容するべきかという疑問が生じる。精神を病んでいるのか、サディストか、悪党か？　それとも逆に、男性性は支配欲と切っても切れないので、暴力はつきものと考えるべきだろうか？　言い換えれば、男性による暴力は病的なのか、それとも男性に固有の衝動の暴走なのだろうか？

I　思考不可

裁判に関する統計を見ると、男性と女性それぞれの暴力の比率はほぼ一定なことがわかる。殺人と暴行の罪を宣告された人間の八六%は男性だ[5]。男女間の差はあまりに歴然としているので、心理学者と精神分析学者をのぞいて、女性による暴力に注目するものはほとんどいない。フェミニストにとって、このテーマはタブーだ。支配する男性と犠牲者の女性という構図を少しでも損なうものは想定外だし、考察の対象にもなりえない。取り上げるとしても、いつも同じ論法だ。女性による暴力の数は微々たるものだし、常に男性の暴力に抵抗するための暴力なので、正当防衛にすぎない、となる。シルヴィアーヌ・アガサンスキーはこう述べている。

女性が暴力に訴えるのは、反抗、抵抗、革命、ときにはテロリズムのために限られる。女性の暴力はたいていてい暴力に対抗するための暴力だ。こうした文脈をのぞくと、男性が女性、多くは妻を殺すのは、愛している場合も含め、相手を我がものにしたいという欲望を極限までおし進めた結果だが、女性が男性を殺すのは解放されたいという欲望の実現であることが多い。これは犯罪学者も指摘している。[6]

同様の説明はフランソワーズ・エリティエ[7]や活動家の社会学者ダニエル・ヴェルツェール＝ラングにもみられ、後者は「女性の抑圧と男性の経験、すなわち女性が受ける暴力と、夫の暴力への復讐や絶望から自らも暴力にうったえる女性とを対称関係としてとらえる態度には怒りをおぼえる」とさえ述べている。[8]さらに示唆に富むのは、セシル・ドファンとアルレット・ファルジュの監修による研究『女性による暴力』[9]だ。女性の暴力はフェミニストにとって耳が痛いテーマであることが序文で述べられており、「この現実は〝女性の立場〟や女性が受ける暴力の告発の必要性を損なうので、一部のフェミニストには受け入れがたく思えるかもしれない」という記述がみえる。しかしながら、ここに集められた優れたフェミニストの歴史家や大学人による論文十本のうち、女性の暴力というテーマそのものを扱い、そのものとして認めているものはひとつもない。[10]まったく触れていない論文もいくつかあり、女性の暴力の原因であるはずの男性の暴力に関する議論に終始している。

たとえばドミニク・ゴディノの「女性市民、扇動者、ギロチンの熱狂者(11)」をテーマとした論文がそうだ。フランス革命関係の資料を読むと、女性による暴力がはっきり浮かび上がるにもかかわらず、革命肯定派はこの点に関してこれまであえて沈黙を守ってきたことが指摘されている。ただし問題なのは、著者の目的がこの暴力を軽視することにある点だ。まず、革命を鎮圧する側が残した資料は警官、すなわち男性によって書かれているので、彼らの見方は「誇張や歪曲」を免れないと推定できる、とゴディノは主張する。著者曰く、女性による暴力はなによりも言葉の暴力で、男たちを反乱へと駆りたてるのが目的だった。一七九五年の資料に、女性が「怒号」や「おぞましい罵声」を発したと非難されているが、これは同時に「女性に対する言葉の暴力」ではないかと著者は問う。ギロチンを前にしての女性の興奮に関しては、民衆の強大な力が敵を倒すシンボルを目にして「野蛮な喜びと極端な感情を表したにすぎない」とされる。

国民軍や革命裁判といった法的な暴力から閉め出された女性たちにとって、処刑に立ち会うことは民衆の力を確信し、象徴的に参加する数少ない手段のひとつだった。

ドミニク・ゴディノは革命下の女性による暴力を政治的に解釈することで、その残忍なイメージを払拭しようと試みている。だが結論部分では、後悔にとらわれているようにもみえる。

不都合な部分を消し去り、和らげた上品なイメージを与えようというつもりはない。革命に参加した女性が暴力的だったのは事実だ。彼女たちは叫び、敵の死を宣告し、時には実際に殺し、処刑を見物した。そう、恐ろしい存在だった、他の人間と同じように。

もっとも興味深いのは〝他の人間と同じように〟のくだりだが、何を意味しているのかはわかりようがない。

本当のところ、女性による暴力について考えるのが困難なのは、フェミニズムの立場と相容れないからだけではなく（暴力には性別はないだろうから）、女性自身が抱いている女性のイメージを脅かすからだ。哲学者モニック・カント＝スペルベールは、パレスチナの女性が自爆テロを行うことに驚き、その当惑の理由として四つの仮説を立てている。

自爆という死の恐怖は、女性の身体が犠牲になる場合はより耐えがたいからか？　他者と自分に無差別に向けられる暴力は、女性にはあてはまらないと私が考えるからか？　犠牲者の苦しみを具体的に想像する時、男性よりも女性の方が憐憫の情が強いと想像するからか？　あるいは女性は男性より現実的なので、大義名分に酔って狂信的になる危険は少ないと考えるからか(12)？

ひとつ目を除き、残りの三つの仮説は男女間の本質的差異に関する確信に基づいている。自然の観点からも文化の観点からも、女性は男性の暴力を共有しないという説で、暴力に関する今日の研究の大半はこれを踏襲している。統計にみられる男女格差を理由に、女性による暴力と権力の濫用の問題は決して提起されない。だからこそ、ここで取り上げようと思う。

2　女性による暴力

歴史を見ても、日々の生活においても、女性による暴力の告発はむずかしい。存在しないわけではなく、新聞雑誌でもみかけるが、これまで無視されるか、あるいは過小評価されてきたのが原因だ。たとえば、二十世紀最悪の二つの大量虐殺、ナチス政権下のドイツとルワンダで起ったジェノサイドに女性が加担したことも見逃されてきた。[13] 三面記事をにぎわす暴力事件の加害者が女性の場合も、世間は驚くばかりで深く考えようとはしない。

歴史上の暴力

ナチスによるユダヤ人大量虐殺への女性の関与がはじめて問題にされたのは、歴史家リタ・タルマンに捧げられた優れた研究『フェミニズムとナチズム』の刊行がきっかけだった。[14]「女性、フェミニズム、ナチズム——人は生まれつき無垢なのではなく、無垢になる」と題された序論において、監修者のリリアヌ・カンデルはそれまでの四十年間、ドイツのフェミニストと歴史家がこのテーマをほとんどあつかわなかった事実を指摘している。「女性の歴史家や研究者、フェミニストの活動家にとって、この問題に取り組むのが困難なことは否めない（中略）、より正確には、女性による暴力としては扱えないようだ」と述べている。[15] だからこそ、フランスとドイツの研究者二十人あまりが勇気を出してこのむずかしいテーマに挑んだのだった。ドイツ人の女性のなかには、ナチスの被害者や抵抗運動に関わった者だけでなく、政権に協力した者もいたことを認め、「その賛同の度合いや協力の形態、積極的か受動的か、おおっぴらに、または隠れて、長期的か単発的かを明らかにするのが目的だ[16]」。つまり、フェミニズムの「灰色の領域」に踏みこもうというのだった。

よって、「ナチスの企てに女性は関与せず、妥協しなかった」という定説は疑問に付される。アーリア人種のドイツのフェミニストたちが、同志であるはずのユダヤ人のフェミニストとの「女性間の友愛」をいかに破ったか。ドイツにおいてユダヤ人が財産を没収され、警察に密告された過程で、女性が承知の上で実際に協力した実態。ユダヤ人迫害のためのイデオロギー的かつ物質的なシステムに直接関与した女性たち。ナチスの親衛隊の女性メンバー、躊躇なくヒットラー政権を支持した生物学者アグネス・ブルームのような女性の知識人や大学人などが取り上げられている。ひと言でいえば、「ヒットラーの政治の熱烈な執行者たち[17]」で、そのなかには女性も多く含まれる。そう、この本はクローディア・クーンズが「男たちはナチで、女たちは無実だった」と要約した女性の無垢さの神話に終止符を打ったのだった。

ヘルガ・シューベルトの『女ユダたち』と題された本[18]をもとに、女性の密告者を分析したニコル・ガブリエルは、興味深いタイプ分けを行っている[19]。それによれば、女性の密告者は三タイプに別れ、政府に忠実であるために「市民としての義務から」密告した者、個人間の争いを有利に解決する目的で「秩序を守るために」密告した者、そして他人に危害を与えることにリビドーのレベルの快感を求めて、情熱と衝動から密告した者があった。三つ目のタイプがとりわけ気になるが、それは女性には無縁と思われがちな動機、すなわちサディズムがみられるからだ。ヒットラーの国家社会主義は、とりわけ肉体的暴力に関わる禁止のいくつかを一時的に解除することで、「現に存在する潜在的攻撃的性質にはけ口を与えた。暴力に立ち会ったり、あるいは実際に参加することで得られる快感という形で攻撃的性質は発現した[20]」。たとえば、通りで人を殴ったり、ショーウィンドーのガラスを割ったりという暴力だ。罪を問われることなく「言葉で殺す」ことが可能な密告は、男性よりも弱い女性の武器であると指摘した後、そこにサディズム衝動の解放を認めるニコル・ガブリエルの解釈はもっともだ。

女性のナチス親衛隊員に関する研究[21]において、グドルン・シュヴァルツはユダヤ人迫害と虐殺に女性が具体的にどう参加したかを、親衛隊員の家族（妻、娘、姉妹）、女性の親衛隊員、収容所の監視員に分けて分析している。女性の監視員に関する記録を彼女が発見したのはコブレンツの資料のなかで、それによれば一九四五年当時の数は三千八百十七人で、女性が全体の一〇%を占める。女性監視員は女性向けの強制収容所と、アウシュヴィッツ－ビルケナウやルブリン－マイダネックのような絶滅キャンプで働いていた。女性向けの強制収容所の所長は男性の親衛隊員だったが、収容者を直接監督したのは女性監視員だった。収容者を毎日のようにいびったり責めたりするのも任務の一部で、勤務中は銃を携行し、力の象徴として君臨した。収容所に到着した人間の選別にも参加したことは、裁判の席で監視員本人が認めたとおりだ。アウシュヴィッツとマイダネックでは、野蛮さと熱心さから恐れられた女性監視員は「抑圧と殺人のシステムに直接的に貢献し（中略）、ユダヤ人絶滅のためのシステムが滞りなく機能するために協力した」のだった。グロス－ローゼンの収容所の生き残りの女性は証言を求められ、こう述べた。

わたしたちを殴ったのは一般市民のドイツ人女性で、親衛隊員である女性監視員の了承を得ていた。好きなだけ殴り、拷問することを許されていた。

結論として、資料は多く残っているのに、「女性に関する研究においても、親衛隊に関する研究においても」女性の親衛隊員をテーマとした研究は行われなかった、とグドルン・シュヴァルツは言葉少なにしめくくっている。[22]

一九九四年にルワンダで繰り広げられた大量虐殺に、実際に女性がどう関与したかはまだこれほど判然としていない。ジェノサイドの罪に問われている十二万人のうち、女性は三千五百六十四人を数える。割合にすれば三・五%にすぎないし、歴史家が研究対象とするにはまだ日の浅い事件にはちがいない。ただ、メディアが彼女たちの存在に関して沈黙を守っているのはどういうわけだろう？　ただし、例外としてフランスの女性誌『エル』の特派員キャロリーヌ・ロランによる五ページにわたる記事が沈黙を破った。[23]ツチ族の人間にたいして「強奪、密告、拷問、強姦示唆、殺人」の罪を犯したとして告訴されているフツ族の女性たちはこれまで沈黙をつづけてきたが、ロランの取材に応じたのだった。彼女たちを訴えているのは虐殺を逃れた生き残りと証人たちで、「鉈《なた》による暴行、強姦、教会での大量殺人、男だけでなく女と子どもも含めた人間狩り」に加わったとされている。「四月のジェノサイドの未亡人団体」（ＡＶＥＧＡ）の代表の場合、近所の女性に密告された夫は二度と戻らなかった。彼女によれば、フツ族の女性の「多くが協力し、その貢献度は非常に高かった」。しかも、その協力形態はジェノサイドの首謀者たちによって完全に計算されていた。計画の成功のためには、女性の協力が不可欠だと考えたのだった……。知識人、医者、教師、シスター、子どもを持つ主婦、農婦といった女性たちがジェノサイドに加担した……。「女性の協力がなければ、これほどの犠牲者は出なかったでしょう」と代表は言う。この見方は、生き残りの証言にもとづいた「アフリカン・ライツ」の報告書とも一致する。報告書は「見た目ほど無垢ではない女性たち――殺人犯になる時」と題されている。

キャロリーヌ・ロランは数多くの証言を引いており、そのあまりの残忍さに、ルワンダのジェノサイドを研究しているセルバン・イヨネスク博士(24)に女性の野蛮さについて尋ねている。首謀者たちは、極度の緊張と恐怖に満ちた環境を維持することで、ツチ族を攻撃するようフツ族を仕向けた、と博士は説明する。集団心理が原因で、加害者との一体化のメカニズムが働き、女性も男性とまったく同様に虐殺へと駆り立てられた。こうして、やはり男性と同じく、「女性も人間性を失った」という。女性による暴力を想像するのがむずかしい理由を博士はこう説明する。

社会的なステレオタイプが原因で、そこに女性の理想化が加わり、残忍な行為が可能なのは男性のみという考えが根付く。こう考えることで、その残忍な行為をある意味で否定しているのだ。そうしなければ耐えられない。本当は女性の潜在的暴力性は存在するし、子ども殺しや性的虐待を女性が行うことからもそれはみてとれる。ジェノサイドが綿密な計画に沿って行われたルワンダの場合、女性が大量に参加したことは考えられないことではまったくない[25]。

二〇〇三年には、ヨーロッパ人女性がはじめて人道に反する罪を宣告された。二月二十七日、ハーグの国際裁判所はボスニアの元セルビア大統領ビリアナ・プラスヴィッチ（七十二歳）に十一年の禁固刑を言い渡した。一九九二年から九五年のボスニア戦争中のセルビア人による民族虐殺に関する政治責任を問われてのことだった。

日々の暴力

以上のような特殊な文脈以外でも、女性が殺人、拷問、侮辱を行うことは可能だ[26]。女性が殺人を犯すのは、失恋や乱暴な夫が原因とはかぎらない。利害やサディズムが原因のこともあり、全体としてはこうした女性は病的な例外とみなされる。しかしながら少女による暴力も存在し、当惑のあまり、なかなか信じられないが、その数はこの十年の間に増加をみせている。

二〇〇二年は、少女による暴行事件がとりわけ多かった。三月には、十四歳の少女が同い年の女ともだちふたりから暴行をうけた。手首を切り、首を切りつけ、腹には刺し傷、顔面はめった打ちという状態まで暴行を続けた加害者は、少女が死んだと思ったのでやめたようだ。五月には、オート＝ガロンヌ県の重罪院に二十二歳のクレマンティーヌとサンドリーヌが出廷した。十九歳の男子学生を誘拐して身ぐるみをはいだ後、ムチで打ってから絞め殺し、放置した罪だった。しかも別の人間が指図していて、それはなんと末恐ろしい十四歳の少女だった。八月には、シャトールーで三週間にわたって監禁された十九歳の男子が拷問（殴られ、耳をなかば引きちぎられ、鼻は骨折、全身に火傷、たびかさなる強姦）されたが、犯人の不良グループには少女がふたり含まれていた。世界規模の女性に対する暴力根絶デーの二〇〇二年十一月二十五日に、『リベラション』紙はふたつの事件を報じた。ルーアンで、十八歳から二十四歳までの三人の娘がバスの運転手を罵り、唾を吐きかけ、殴ったのだった。三人は懲役四ヶ月と執行猶予つき二ヶ月の刑に処せられた。ヴィトロールでは、三人の女性が二十歳の娘に殴る蹴るの暴行とタバコによる火傷を負わせた後、全裸にして団地で十分間さらし者にし、観衆を集めるため各アパートをまわった。二〇〇三年一月には、オー＝ドゥ＝セーヌ県で十六歳の少女が数学の男性教師の太ももにナイフで切りつけた……。

ある暴行事件をきっかけに、『ル・ポワン』誌が少女による暴力に関する特集記事を掲載したのは一九九八年九月のことだ。[27] 十歳から十六歳までの少女のグループが五十人あまりの人間に暴行を加え、現行犯で逮捕されたのだった。被害者のなかには老女や同年代の少女だけでなく、働きざかりの男性もひとり混じっていた。世間は「野蛮さ」と「残忍さ」に驚愕した。ソフィー・コワニャールはこう記している。

都市部の少女による暴力はまだ問題とされていないが、現場を知る人間はその増加を認めている。パリ警視庁情報部の一九九七年七月のデータによれば、少年の場合と同じような動機で暴行におよぶ少女の数は増加している。その内訳は復讐、洋服の窃盗、恋愛問題のもつれ、他の少女を対象とする恐喝となっている。マルセイユの警視庁も女子による暴行事件の割合は一九九七年の一・七八％から一九九八年には二・四三％に増加したとしている。

この数値は青少年の犯罪全体からすると取るに足らないようにみえるが、専門家の一部は割合をより高く見積もっている。国内保安高等研究所の所長フィリップ・メルシオールは、「同じ犯罪でも、加害者が少女の場合、少年よりも刑事事件としてあつかわれる割合が低い」と指摘している。きわめて残忍な少女のケースには法律関係者も「困惑し、驚きを隠しえない」[28]とも述べている。この傾向を古くからの偏見によって説明するのがパリ国立政治学院とソルボンヌ大学で都市政治学を教えるソフィー・ボディ＝ジャンドロ教授だ。「子どもが暴力的だと認めるのに時間がかかったのとまったく同じで、幼年時代は無垢なイメージがつきまとうからだ」とも述べている。[29]

同じような報告がカナダでも二〇〇〇年に見られ、統計データから、一九九〇年以降に若い女性による暴力が著しく増加したことが明らかになった。青少年による暴力犯罪の三分の一を少女が占めるため、少年の方が依然として多数派だが、増加率をみると、少年の場合が六五％だったのと同時期に少女の増加率は一二七％だった。[30]アメリカ合衆国とイギリスでも同じ傾向が指摘されている。少年と少女では暴行の内容はちがうこともあるが、背景にある要因は似通っている。家庭内暴力や暴行の前例、学業不振、精神面でのトラブル、自信のなさが挙げられる。報告書は次の点を強調している。

暴力的な行動にでる場合の動機が少年と少女ではちがうことを示す要素はなにもない。少年の方が少女よりも暴力的・攻撃的とはかぎらない。性別よりも文化や環境の方が青少年犯罪の決定要素としては重要だ[31]。

とはいえ、地区によっては少年たちが力で暴力至上主義による階級制を作りあげているため、少女たちも攻撃的にならざるを得ないことも忘れてはならない。ヨーロッパ校内暴力観察センターの所長エリック・ドゥバルデューも、「男性支配に抵抗する手段として、女性による暴力至上主義が生まれるのはまちがいない」と述べている[32]。地域のボスの暴力に日々さらされ、言葉だけでなく性的かつ肉体的に攻撃される場合、少女たち自らも暴力をふるい、恐れられる存在になる以外に身を守る方法はないのだろうか？

だが、少年の暴力に抵抗するための暴力という、よく知られた解釈では説明できないケースもある。少女たちが襲うのは、主に同性だ。フィリップ・メルシオールのように、自立にいたる過程の一部だと説明する専門家もいる。

暴力の面でも、少女が少年と同等の立場に立とうとするのは、ある意味で当然だ。男女平等が保証される唯一の場である学校が、少女による暴力の一番の舞台となっているのも、この点で一貫しているといえる。カッターでの脅し、恐喝、教師にたいする乱暴も少年と同じだ。少女たちも、今日の社会にみられる特徴をもとに自らのアイデンティティを形成するのだ[33]。

社会が男性支配のモデルに規定されている証拠で、少女たちもそれに従っているだけだ、という意見もある。しかしながら、これらの主張が正しいとすれば、青少年による暴力が社会的・文化的にもっとも恵まれない地区以外ではほとんどみられないのは奇妙ではないか？　結局のところ、原因はむしろ貧しさの方にあり、貧しさとそれにともなう心理面での深刻な問題が、暴力を生むフラストレーションの最大の原因となっていると考えるべきだろう。このフラストレーションが少女よりも少年においてより激しいのは、われわれの社会では人生の成功は経済力にかかっているからだが、男女平等が実現されれば、少女も同様にフラストレーションに悩まされることになるだろう。よって、社会的かつ性差別による様々なフラストレーションを原因とする二重のプレッシャーが生じ、少女による暴力は増加の一途をたどると推測できる。

夫婦間暴力

夫婦間の暴力がとりあげられる時、加害者が常に夫なのは先にみたとおりだ。よって、前出の欧州評議会の報告書において、DVの被害者に男性も含まれているのには驚くべきところだろう。ドイツの公式な統計によると、被害者の五―一〇%は妻から暴行を受ける夫で、これらの男性のための避難所がベルリンで開設されたほどだ。

このように、女性によるDVはいくつかの国で問題にされつつあるが[34]、フランスではそんなものは存在しないかのように黙殺されている。Enveff の調査は女性が受ける暴力に限定されていて、男性にも同じ質問をする必要性はまだ認識されていないようだ。質問されなければ答えも返ってこないので、現象は黙殺され、「男性虐待」の被害者が訴えにくい状況を生んでいる。「男性虐待」という言葉自体、よくて驚きを生むか、そうでなければ疑いや大笑いの対象となるのが目にみえている。長い闘いの末、虐待を受けた女性は専門の援助機関に相談できるようになったし、警察も以前より真剣にこの問題に取り組むようになった。だが、男性の虐待はそうはいかない。カップルにおいて、男性が受け得る暴力と、男性がパートナーの女性を相手にふるう暴力では比べものにならないのが理由で、たとえば夫婦間暴力のせいで死亡した男性は今のところ統計上存在しない。他方、「殴られる男性」という言葉が矛盾しているように思えるのも明らかで、集団レベルの無意識において、男性は自分の力を使って弱者を虐げるか、あるいは保護するかのどちらかだと考えるのはフェミニストにかぎらない。男性が犠牲者、女性が加害者とはどうしても想像できないのだ。

「男性虐待」の存在が信じられないのは、告発する被害者の数が少ないからだけではない。先ほどみた、暴君の夫のもとから逃れようとすればできるのに、そうしない女性たちが不思議に思えるのとよく似ている[35]。統計学的にみて男性は女性より強いので、妻の暴力にいつでもストップをかけることができると想像しがちで、そうしないのは意気地がないか、マゾヒズムゆえだと考えてしまう。こうなると、とてもではないが世間は同情しない。

だが、夫婦間暴力の被害者である男女の心情は、第三者が考えるよりずっと複雑だ。被害者の男性が三人登場するドキュメンタリー番組があったが[36]、そのインタヴューを見ると三人の共通点が実は多くの被害者女性にも通じることがわかる。まず、性別に関係なく、殴られることは恥ずかしいことで、人格を破壊する。認めるのも恥ずかしければ、告白するのも恥ずかしいため、すべてを隠して、やりすごそうとしがちだ。四十歳のエルヴェはこの苦難に四年間耐えた。ゲンコツで殴られ、足とヒザで蹴られる毎日で、目のまわりに青あざ、額にキズの姿で仕事に通った。同僚には、幼い娘がおもちゃでやったんだ、といってごまかした。三十三歳のクリスチャンも毎日のように暴力に耐え、よけいなひと言や質問のせいですぐにビンタをくらった。アイロンやカナヅチで脅され、寝ている間に刺されるのでは、と思うと夜も眠れなかった。ある日、どうしても耐えられなくなって反撃したところ、なんと妻の方が暴行を届け出たのだった！「男として、警察に届ける気にはなれなかった」と彼は語っている。

いつかは状況がよくなると長い間信じていた点、不思議にもパートナーに愛着を抱いていた点は、彼ら三人も被害者の女性たちと同様だ。ただしちがうのは、彼らには身を守るだけの腕力があるのに、滅多にそれを行使しようとしなかった点だ。

Enveff の調査によれば、夫から肉体的暴力を受ける女性は全体の二・五%とされている。被害者の男性たちはだまっているので[37]、その数値を想定することはむずかしいが、実情を知ることは社会全体の利益につながるだろう。男性にも被害者はいるのだから、加害者の男性を許そうというわけではもちろんない。ただ、男と女はそれほど異質なわけではないので、完璧にふたつのカテゴリーに分類するべきではないと思われる。性別にかかわらず、暴力をふるう者（男性の方がはるかに多いが）はどこか不適応で、性格が悪いという者もあるが、いずれにせよ病的なところがある。その心理的欠陥は深刻で、アルコールや薬物が影響で悪化するため、決して正常とはいえない。もちろん、どこまでが正常でどこからが異常かの判断は容易ではないが。

暴力は人間性の一部をなしているので、男も女もこの病気を免れられない。この本能をコントロールする術をなんとか身につけはするが、フラストレーションや対立は尽きないため、禁止を守ろうとする意志がくじけそうになることが多い。コントロールがきかなくなると、よくて言葉、わるければ動作の形で暴力は発現する。

とはいえ、フランスの大多数の男女はパートナーを得て共に生活し、別れる時も苦痛や対立は避けられないが、暴力にうったえることなく事を解決する。対立に対応する能力こそ、男女問わず文明化された人類の証だとしても、暴力を根絶できると考えるのは危険なユートピア思想だろう。カップルの生活には、男と女であれ同性であれ、緊張と精神的プレッシャーがつきものだ。場合によって、だまってやりすごすこともあれば、怒りが爆発するリスクを承知で言葉にして表面化させることもある。だが、言葉の暴力を肉体的暴力と同一視し、前者をも禁止しようとするのは誤算だろう。なんといおうと、暴力による傷と言葉による傷では性質がちがう。言葉は男女どちらも同等に有する武器であり、肉体的暴力におよぶのを回避するための手段となることもある。

言葉によって攻撃することを禁止するのは、怒りを表すことの禁止にほかならない。怒りという野蛮な言葉の意味さえ忘れるほど、自分を抑えられる柔和な人間を夢見るのも可能だが、それが不可能なかぎり、口論や思い切ったののしり合いは多くの場合、緊張や対立を解消するための最良の方策だろう。そうすることで、対立を解決することができるか、そうでなければ解決そのものが不可能だとわかるはずだ。

3 権力の濫用

権力の濫用という表現は、これまで男性にのみ当てはまった。体力はいうまでもなく、経済・政治・道徳・宗教といったあらゆる力を有した男たちは、しばしばその力を行使・濫用し、暴君のようにふるまってきた。政治の面では、民主政治によって権力の分立が確立されたため、権力の濫用は消えることはなくても制限されるようになった。夫婦間においては、権力の分配はよりデリケートな問題で、この場合の民主主義はなによりも愛と相手に対する尊敬に基づいている。とはいえ、この五十年で西洋のカップルはかなりの進歩をとげた。女性が大量に職場に進出して以来、母親の世代では考えられなかった自立を達成するための手段を手に入れた。低所得層においてはこの自立はまだ完全ではないが、職業を持つことは男性にとってと同じだけ、女性にとっても不可欠になった。男に頼らないでも生活できるのであれば、別離や離婚といった最終兵器を女性も手にしているわけだ。

けれども経済的自立が力関係の問題をすべて解決するわけではない。依存の形には、より微妙で隠されたものもあり、こちらの方が乗り越えるのはむずかしいかもしれない。たとえば性的に、あるいは愛情や心理面で依存している場合がそうだ。この場合、片方が他方を支配し、仕返しを恐れることなく相手を思うままにできる。この心理的に相手を支配する力は本質的に男性のものだと思われがちだが、実はそうではなく、その濫用も男性にかぎらない。カップルによって、支配する者と依存する者は男と女のどちらでもあり得る。

夫婦間暴力の総体指数に、愛情を盾にとる脅しやののしり、心理的プレッシャーも含めるならば、二十歳以上六十歳未満の女性七千人を対象にした Enveff の調査[38]は当然、同数の男性をも対象とするべきだろう。平等のためというだけでなく、夫婦間暴力の実態がつかめるだろうし、さらには男と女の現状もよりよく理解できることだろう。男性だけが嫉妬深くて野蛮な暴君だと思わせるのは馬鹿げているし、早急に捨てるべき偏見だ。

最後に、あえて話題にされない権力の濫用もある。この三十年来、生殖に関しては女たちが完全な権力をにぎってきた。子どもを産むか産まないか、結局のところ女性の各人が決めることなのは当然だが、子どもがほしくない男性の精子を使うのは一種の権力の濫用だ。男性がいい加減に、あるいは女性の意志に反して子どもを産ませることができなくなったのは大きな進歩だが、子どもはほしくないとはっきり表明した男性に父性を押しつけるのは精神的侵害だ。この濫用に関しては調査も統計もなかなか行えない。すべては当事者ふたりの内面と対話、双方の否認にかかっている。五千年にわたって男が女の腹を支配してきたのだから、当然の報いだと考える者もあるだろう。望まない受精を避けるため、男性側の避妊方法をみつければすむという意見もあるだろう。あるいは、生殖上の父親になにも要求しないのなら、女性には勝手に子どもをつくる権利があるという意見もあるかもしれない。だが、教育上の父親の責任が重視されつつある昨今、望まない妊娠のために本人の意志に逆らって男性を利用するのはどうみても矛盾している。

女性の受ける暴力を公的権力に向かって告発することは、フェミニストにとって義務であり、誇りでもある。ほとんど知られていない行動を明らかにするのは、社会科学の専門家の仕事だ。だが故意の言い落としや沈黙には必ず底意がある。女性も暴力をふるうと認めることは、男性による暴力の深刻さを軽んじたり、犠牲者の女性を救済しつつ暴力を早急に抑制する必要性を軽減することにはならない。人間の生まれつきの弱さや教育による欠点の改善をめざすには、女性は天使で男性は悪魔であるといった見方は捨てねばならない。

女性による暴力や権力の濫用を徹底的に無視しようとし[39]、女性は常に抑圧されているので無垢だと主張することで、人類をふたつのグループ、男性支配の犠牲者と強力な加害者とに分断する見方が生まれたが、これは真実にはほど遠い。この見方のせいで、ますます多くのフェミニストたちが悪の根源とみなされる男性のセクシュアリティを攻撃しつつある。この過程で彼女たちフェミニストが描き出す女性の性は風俗の変遷と矛盾する。こうして、忘れさられたと思っていた「女性の性質」が再定義されることになる。

3章 矛盾――おしつけられたセクシュアリティ

今日、性に関するふたつの相反する強迫観念がますます強まっている。性的快楽を知るべきだと義務のように繰り返され、それが女としての「開花」だと誤って主張される一方、女性の尊厳を取り戻すべきだという説もある。女性の尊厳は望まない性的侵害によって脅かされていると考える者たちは、その糾弾の範囲をますます広げつつある。一方では、一九七〇年代以来、性の脱モラル化が叫ばれ、性における禁止領域は後退するばかりだが、あらたな性的冒涜の概念も現れつつある。消費の対象か聖なる対象か、遊びに近い活動か尊厳の基準か、軽いやりとりか暴力か。セックスをめぐってふたつの相反する言説が流通し、あらたな道徳的フェミニズムにとってセックスは重要な争点となった。

性の解放をめざしたフェミニストの第一世代から急転回し、第二世代のフェミニストたちは性を再び聖的なものにした。一九六八年の五月革命の要求と同調し、第一世代のフェミニストたちは家父長制の土台そのもの、すなわち男性による女性の性の支配を粉砕する必要を高らかに叫んだ。避妊と中絶の権利を認めさせるための激しい闘いは、生殖における権力の奪取とならんで、あらたな性的自由の獲得をも目的とした。「産みたければ、産みたい時に産むわ」というスローガンは「なんの束縛も受けずに快楽を得る」という意味でもあった。こうして第一世代のフェミニストたちは女性解放に大きく貢献したが、同時に性の日常化をもまねいた。

この自由が達成されるやいなや、大西洋の向こう側から不満げなうなり声が聞こえてきた。レズビアンのラディカルなフェミニストたちの叫びで、この日常化は男性には有利で女性には不利だという告発だった。男性の束縛から逃れたつもりが、自由を求めたフェミニストたちは逆にその束縛を強化した、という主張だった。以前にも増して、女性は使い捨てできる物体になったので、これほど女性が辱められたことはない、というのだった。平行して、男性と女性のセクシュアリティの性質が問われた。前者は奔放で乱暴、征服的なのに対して、後者はやさしく繊細で、誠実とされた。男性と女性は相容れないと結論した者もあったが、多くは男性による暴力を助長する性の日常化に歯止めをかけるべきだと主張した。女性の性器は聖なる神殿で、女性のセクシュアリティはひとつのタイプしかないという考えが徐々に浸透した。性的に解放されたといわれる女性、たとえばセックスの快楽と美食の快楽を同等ととらえるような女性は例外とされた。こうした女性は男性化されているので、女性本来の姿ではなく、そのもっとも不幸なケースが「自分は自由だ」と考える娼婦にほかならない、ということになった。ストリップショーのダンサーやポルノ女優、セクシーなスター、マスタードのコマーシャルにおいてさえ性欲をかきたてるための物体あつかいされるモデルなど。こうした女性たちは女性のイメージと身体を堕落させるだけでなく、たとえばマフィアに奴隷として売春させられている犠牲者である女性たちを裏切ってもいる。消費としてのセックスが批判されたのにつづき、セックスの商品化が批判された。またたくまに、この手のフェミニズムは古めかしいユダヤ・キリスト教の教化的態度に逆戻りし、あれほど苦労して退けたはずの性に関するステレオタイプをよみがえらせる結果をまねいた。

自分の快楽しか眼中にない攻撃的な男性と、愛だけを求める犠牲者の女性。支配的な男を前にふるえあがる女性はNOと言えないし、言い方もわからない、といった構図だ。だが、性は危険で、へたをすると女性は傷つき、尊厳を失うこともあると女性たちは聞かされているはずだ。もっと奇妙なことに、YESと言って男性を次から次へと征服していく女性もいることは話題にされない。たとえばキャトリーヌ・ミエが男性遍歴をつづった自伝的ベストセラー[1]に関して言及を避けるのは、カマトトぶっていると思われたくないからだろう。逆に、映画『ベーゼ・モア』を十八歳以下禁止にするのに反対し、デモする「メスの番犬」(les Chiennes de garde)のようなフェミニスト団体もある。この映画は、最低の生活に嫌気のさしたヒロインふたりが、復讐のために出会う男性を次々と殺して逃亡するという内容だ。普段は暴力をふるう側の男性に、役割を転換することで、その恐怖をわからせるのも悪くないだろう、というのが擁護者たちの考えだろう。めずらしく男性が犠牲者の立場に立ったのだから、女性としての思いやりはこの際捨てて、教育的配慮から男性に見せてもかまわない。サディズムに酔ったヒロインたちは教訓にとんだ仮説、あるいはそれまで受けてきたひどい扱いのせいで狂った娘たちでしかありえない、というのだろう[2]。

とはいえ、流派は異なれ、暴力に暴力で答えるよう呼びかけるフェミニストは滅多にいない。フェミニストたちは常に民主的な手段で闘うので、非難されることはない。ことは三段階で運ばれ、女性に対するひとつの暴力に関して、まずはそれを暴力だと意識させ、次にそれを罪だと認めさせ、最後に法的手段に訴える。根本的にイデオロギーに関わる闘いなのはいうまでもない。今日、良識を振りかざすフェミニストたちは、性犯罪の範疇を売春からポルノグラフィにひろげて糾弾し、女性の尊厳が脅かされているという理由を盾にとり、闘いのためにはもっとも保守的な道徳観念を持ち出すことさえいとわない。最大の敵はいまわしい消費社会で、それは極端にリベラルな資本主義の傾向とみなされる。良識的フェミニストたちにとって、性的自由を擁護するフェミニストたちはこの最大の敵に全面的に味方する敵ということになる。今日のこの両派の闘いの意義は重要で、そこには男女の関係とそれぞれの自由の再定義がかかっている。

I　性生活の現実

映像が遍在する現代では、映画、テレビ、広告、雑誌、文学や日常の会話など、いたるところに露骨なセックスが散乱している。子どもでさえそれはよくわかっている。グザビエ・ドゥルーの「性的記号の集積の結果、性の氾濫が公共空間を飽和状態まで満たした[3]」という指摘は的確だ。二千年来の集団的抑圧と個人的欲求不満を解消することが、表向きの目的だ。タブーの解除が合い言葉となり、重要な問題とみなされるようになった。この「あたらしい性的秩序[4]」に少しでも抵抗しようものなら、検閲者の損な役回りをまぬがれられず、堅苦しくてカッコ悪い奴あつかいされてしまう。この厄介な新秩序の問題点は他の研究者がすでに明確に指摘しているので[5]、本書では繰り返さず、今日の性生活の現実とフェミニズムの新しい道徳との乖離をいくらか明らかにしたい。

標準的性行動の終焉

「男は命令し、女を抱く[6]」。ミシェル・ボゾンの言葉で、伝統的社会（ここではニューギニアのバルヤ族とカビル族）の男性支配のもとになる性的秩序を要約している。今日の西洋社会がこのモデルからどれほどかけ離れているかはいうまでもない。最近の映画ではこの反対が定番になっているほどだ。しかも標準的性行動の終焉はこれにとどまらない。若い女性による告白小説や性体験に関する調査、さまざまな少数派の性行動に関する研究をみると、最近の性の傾向はきわめて多様で、規範にとらわれないことがわかる。この傾向に対する見方もさまざまで、性が解放され落ち着いたと考える者もあれば、精神面が欠如しているという者もあり、暴力と過去のものだと思われていた野蛮さばかりが目立つと指摘する者もいる。

ここ数年の女性作家による小説を読むと[7]、若い娘がいとも簡単にパンティーを脱ぎ捨てる様子に、古い世代の人間は当惑する。その激しさの底にあるのが好奇心か欲望か、プライド、挑発あるいは順応主義なのかはよくわからない。逆に確かなのは、十八歳で処女の娘は満足よりも不安を感じている点だ。心理的不安状態にあると思い、カウンセリングにかかったり、性的欲求なしに無理に「処女喪失」したりという一定の対処法に頼る傾向がある。最初の一歩を踏み出した後は、性の世界の探検者たちはより激しい感覚を追い求めてさまざまなテクニックのなかから好きなものを試したり、実践することができる。純潔なまま、いや無知なままで死なない、という願望が重要になりつつあるのは男女に共通している。

十年の期間をはさんで行われたフランス人の性生活に関するふたつの調査を見ると、いかに性行動が変化し、かつての規範が崩壊したかがわかる。ひとつ目は量を重視した調査で、一九九一年から九二年にかけて二万人を対象に電話で行われた[8]。一九七二年にシモン博士によって行われた調査との比較による考察が行われている。たとえば、フェラチオとクンニリングスは幅広く実践されているし（九〇％）、女性のマスターベーションは二十年前よりも一般化した。女性の二四％はアナルセックスの経験があるが（異性愛者の男性では三〇％）[9]、しばしば行っているのは男女ともに三％にすぎない。

ポルノ雑誌の講読やポルノ映画の鑑賞は男性の分野だった（十八歳以上四十五歳未満の男性の五〇％以上、女性の三〇％以下）。「比較的めずらしい」性行為としてテレフォンクラブの利用（三十五歳の男性の二〇％以下）が挙げられ、さらに「めずらしい」行為として3P、スワッピング、興奮を得るための器具の使用がみられる。SM行為やフィスト・ファッキング、ギャング・バン（gang bang、一人の女性と複数の男性による性交）といった極端な行為は取り上げられなかった。

二〇〇二年のジャニーヌ・モスュー＝ラヴォーの調査は質を重視しており、年齢や階層の異なる七十人の男女を対象に面接方式で行われた。この結果から、「フランスという国で同時代を生きる人々の性に対する態度がきわめて多様」[10]であることが浮き彫りになった。「性の世界では正常という概念はもう存在しない」と著者は結論している。『リベラシヨン』紙の女性ジャーナリストは著者とのインタヴューで、「スワッピングのクラブにも3

Pにも興味のないオーソドックスな性生活を営む人間は、めずらしい存在になったという気がする」と述べている。[11] たしかにモスュー＝ラヴォーの調査に登場する女性たちの性行動は多様で、二十年来同じパートナーの男性との性生活で完全に満たされている女性もいれば、前出のキャトリーヌ・ミエに負けないほどの男性遍歴の経験者もいる。男性ほどではないが、女性も以前よりアナルセックスに積極的になったし、若い女性ほど性に関して男女平等を求める傾向があって、従来のステレオタイプを受け入れなくなっている。モスュー＝ラヴォーはこう述べている。

　変わったのは、女性側の要求の高さです。女性にも快楽を味わう権利がある、と考えるようになったのです（中略）。セックスで満足させてくれないので男を捨てた、と証言する女性が多くみられました。そのうちのひとりは、何の役にも立たないので、夜中に彼氏を追い出した、と言っていました。以前はみられなかった行動です。[12]

同様に変化したのは、男女ともに性において妄想が占める重要性が増した点で、いわゆる「マイナーな」[13]行為を実践している男女の数は予想をはるかに越えている。

フランスではだれもセックスに関して悩んでいないのだろうか？　モスユー＝ラヴォー曰く、「回答者のなかには、欲求不満や不幸な女性はひとりもいませんでした。フランスにおける性はとても自由で、遊び心と陽気さのようなものが感じられます[14]」。

この楽観的な見方に必ずしも同意できないのは、多くの告白小説にみられる汚《けが》れた性描写のせいもあり、それらはしばしばきわめて乱暴で、支配と服従の関係がはっきりとみられる。身体はたんなる容器で、使いすぎて破壊してもかまわない消費の対象になってしまっている。ここまで極端ではなくても、「ハード」なポルノグラフィがますます広告写真やCM、映画に進出して「集団レベルの知覚を満たし」つつあり、成人指定の映画が「妄想の原母胎」となったことはかなりの人間が認めている[15]。十二歳ですでに、少年の四分の三と少女の半数がポルノ映画を観た経験がある[16]。映画から彼らが学ぶのは露骨な言葉（フィスト・ファッキング、ベルト付バイブレーター、トリプル挿入）、乱暴な行為、機械と化した身体の姿だ。ハードコア映画でも観た場合、専門店で人気らしい集団レイプものや、女性の身体を痛めつけるSMものを観る可能性もある。

たとえポルノグラフィが妄想を映像化し、性的興奮を誘うことだけを目的とするにしても、モスユー＝ラヴォーも認めているように、妄想を実現する必要をますます多くの人間が感じていることは明らかだ。マイナーな性行為、さらには極端な性行為をあつかう数々の記事、まともな新聞にも掲載されている出会いのための三行広告、とりわけインターネット上でのセックス提供サービスの発展のせいで、ごく最近まで異常、あるいは不道徳と思われていた行為が一般化した。この十年でセックスサロン、スワッピングのクラブ、ハードなプライベートパーティーが大幅に増加した。たとえこうした場所に出入りするのはごく少数派だとしても、このような特殊な性サービスに対する社会の視線は変化した。社会学者ヴェロニック・プトランはこう指摘している。

BDSM(17)と総称されるSM行為は以前から存在したが、今日ではより目につくようになり、徐々に一般化されつつある。ふつうのセックスの世界に導入され、今ではビジネスとして成立してもいる。惹かれる人間もいれば、拒否反応を起こす人間もいるが、少なくとも市民権を得たことはたしかだ。「デモニア」のようなSM専門店がある一方、どこのセックス・ショップにも必ずSMコーナーがある(中略)。SM行為はくわしい愛好家だけのものではなくなり、セックスに〝興を添える〟もの、快楽を高める要素、イメージ世界全体を〝興奮させる〟ものとなった。(18)

SM行為のイメージ自体が変化したと著者は説明している。

だれにでも可能な、遊び心のある楽しいセックスとみなされるようになった。今日では、十五歳から二十五歳までの若者を対象とする雑誌でSM行為が紹介される場合、病的なものとしてではなく、あらたな快楽をもたらす愉快なプレーとしてあつかわれる。

スワッピングに関しても同じことがいえる。社会学者ダニエル・ヴェルツヴェール＝ラングは、男性支配と売春のさまざまな形態に関する研究の一環として、彼が「スワッピングの惑星」とよぶ分野を四年間かけて民族誌学的観点から調査した。専門誌や三行広告とその返事の分析、スワッピングを実践する五十人あまりの男女のインタヴュー、地中海に面したアグドのヌーディスト・キャンプをはじめとする出会いの場でのフィールドワークなど、ヴェルツヴェール＝ラング率いる研究班の調査結果から、スワッピングを実践する人々の実態が明らかになった[19]。

この研究から、スワッピングは一九九〇年代後半に広まったことがわかる。具体例を挙げると、リヨンの有料のスワッピングクラブの数は一九九二年に九つだったのが一九九六年には二十あまりに増えたし、代表的専門誌の三行広告の年間の数も一九九三年の八百から二〇〇一年には二千五百に増加した。スワッピング人口は三十万人から四十万人と推定される。参加者は主に男性で、ひとりで参加する男性が五一％、カップルが四一％（すなわち男性が全体の七五％を占める）、ひとりで参加する女性は三・五％、残りはゲイやいろいろなグループという内訳になっている。スワッピング人口の密度が高いのはイル・ド・フランス地方、ローヌ河流域、南仏だが、熱心な愛好者は専門クラブでの集まりやパーティーのために何百キロもの道のりをかけつける。ヴェルツェール＝ラングによればスワッピングの普及はヨーロッパ全体にみられる現象で、あらゆる社会階級の人々に広まっている。

専門クラブのほとんどは四十歳以上の客も受け入れている（中略）。だが同時に、二十歳から三十五歳までの少数派にあたる若い客も増えつつある（中略）。午後の入場料は安く、バーでのワンドリンクの料金にすぎないので、低所得層の客にも手が届くが、労働者はあまりみられない。カップル向けの夜の集まりの料金はずっと高く、中流から上流の客層が主になっている。「プライベート・パーティー」と呼ばれる集まりは、たいていは上流階級だけにかぎられる。

スワッピングを実践するのはフランス国民のごく少数（男性の四％、女性の一％）だが、メディアのあつかいは寛大になっている。「セックスにおいて現代的であろうとすれば、スワッピングのクラブを一度くらいは見に行く必要がある」[20]。この意味でとりわけ興味深いのが、二〇〇一年のある晩、ゴールデンタイムに国営チャンネルで放映されたテレビ番組だ。複数の若いカップルが平然とスワッピングの体験を語り、その後の夫婦生活にどのようなメリットをもたらしたかを述べるという内容だった。あるいは、人気小説家ミシェル・ウエルベックのベストセラー二作[21]の主人公（中流階級を戯画化したような人物なのでアンチ・ヒーローと呼ぶべきか）がアグドのヌーディスト・キャンプでバカンスを過ごしたり、SMバーに通って日常をはなれた性的興奮を探し求めるのも、この傾向と無関係ではないだろう。ハードSMや集団レイプのような極端な性行為は、ごく少数派だけの特権あるいは倒錯と今でも一般にみなされるが、その一方で、欲望にスパイスを与えてくれるものをなんでも歓迎する傾向が強まっている。

性的対象としての身体またはセックスマシーン

セックスが消費される今日では、身体は若く、性能がよく、興奮を生むものでなければならない。この理想を実現するためには、どれほどの犠牲もいとわない。女性ならばなおさらだ。こうした身体の改造は軽いものから痛みを伴うものまでさまざまだが、身体が流行や時代に合わせて改造するべき物体とみなされるようになったのはたしかだ。男性はセックスで相手を満足させる能力のこと、女性はルックスのことしか頭にない。この強迫観念は、氾濫するポルノグラフィなどのエロチックなイメージによって増大しつづける。

ワックスによる「水着向け脱毛」の試練を必要とする体毛（とりわけ恥毛）の問題はいうまでもなく、セルライトと贅肉の恐怖にきびしいダイエットと脂肪吸引術でたちむかう西洋の女性たちは、美容整形という儀式にますます頼りつつある。リフティングや鼻の矯正といった基本的な手術だけでなく、豊胸手術や逆にサイズを小さくする手術、ヒップや太ももの形を整えたり、形が気に入らなければ乳首や性器も手術する。女性の身体全体、もちろん性器も改造の対象になる。とはいえ、男性の身体がこの完璧さを追求する試練に無関係かというと、そうではない。美容整形外科医によれば、リフティングを試みる男性は増えているし（手術の四、五件に一件は男性）、きびしいダイエットを実践する者もいる。若い世代で男女の区別なく行われるのがピアスと刺青で、その目的は個性の追求と身体の装飾、性的効果にある。性器にピアスをするのは興奮を誘うためと考えられ、同様に舌のピアスもフェラチオの際にペニスの下部を刺激するといわれている。

あらゆる方法でいじくりまわし、痛めつけるモノとしての身体においては、全体としての官能性よりもいくつかの部位が重視される。ドミニック・フォルシェッドはこう指摘している。

セックスを中心にすえる論理にはまればはまるほど、身体を機械のようにあつかう必要にせまられる。身体を全体としてみなすのではなく、部位に分解してばらばらにし、セックスにおける戦略的部位をツールやおもちゃにしてしまわねばならない。「性感帯」と呼ばれる、身体の特定の部分だけがセックスにおいて興奮を生む場とみなされる。(22)

この指摘が的確なことは、ポルノグラフィにみられる手法、すなわち身体を細分化して性器あるいはその細部だけをクローズアップして見せる手法からもよくわかる。バック・

ルームでの行為にも同じ傾向がみられるが、ウエルベックの小説によれば、同性愛者以外の人間もバック・ルームに通うようになったらしい。

身体の分解とツール化は性的マイノリティや男性だけの傾向ではない。たとえば、女性向けのおもちゃ、セックス・トーイの最近の流行などはその証拠だ。ニューヨーク、ロンドン、パリといった大都市では、女性客を中心とする高級セックス・ショップが登場し、快楽を与えるあらゆる器具が販売されている。ソニア・リキエルのブティックにセックス・トーイのコーナーができた時には、新聞雑誌がこぞって書きたてたが、どれも同じ論調だった。キャンディーのような蛍光色のバイブレーターと、米のテレビドラマ『セックス・アンド・ザ・シティ』で人気になったラビットと呼ばれるおしゃれなバイブレーターを描写した後、どの記事も〝女性は快楽を得ることに関して罪悪感から解放された〟という魔法の言葉で、この斬新な試みを正当化している。ソニア・リキエルの娘ナタリー・リキエルは、ユーモア、軽さ、パフォーマンスといった言葉をもちいる。

イギリスの専門店で売っている商品は、見た目は美しいけれど性能は低いのが問題です。逆にわたしは、本当に快楽を与えてくれる製品を選ぶよう心がけました。このような試みに挑戦する時には、思いっきりやらなければ意味がないし、きれいごとは禁物です！　当店のセックス・トーイはたしかにおしゃれで遊び心に満ちていますが、なによりも性能が自慢です[23]。

期待どおり、この試みは大成功で、女性誌『エル』によればソニア・リキエルのショップは数週間で何百という商品を売り上げ、ウェイティングリストもいっぱいらしい。こうして、マシーンを使った自慰による快楽を得る権利が急速に一般化しつつある。通信販売の大手トロワ・スイスはエロチックな小物を販売しているし[24]、ネット販売も遅れてはいない。欲しくてしようがないが、セックス・ショップでは恥ずかしくて買えない商品も家にいて注文できるようになった。ここでもやはり、「罪悪感から解放する商品」という表現がみられる。こうした通販ネットのひとつの社長が『リベラシヨン』紙に語ったところによれば[25]、彼のサイトでは一日に一五〇件から二〇〇件の注文があり、小物を買うのは四〇%が女性だという。サイトを開設して四年目にあたる二〇〇二年には二三〇万ユーロ（約三億二〇〇〇万円）の売り上げが見込まれ、これは前年の倍にあたる数字だそうだ。

マシーンを使った自慰による快楽がもてはやされるのをみると、ひとは相手をだんだん必要としなくなってきているというボリス・シリュルニックの指摘もうなずける。「これら一連のセックス商品のせいで、男性は女性にとってバイブレーターか精子提供者になる(26)」と彼は危惧している。少なくとも、店で買えるものより高性能なマシーンでなければならない、とはいえる。これに挑戦するために男性がさまざまな薬品に頼るのも、勃起不全を恐れるのも、理解できる。

セックスに関して、女性は罪悪感から解放されつつある。メディアがこの風潮をあおるのと、ポルノグラフィの氾濫のせいで、もっとも若い世代にはすでに変化があらわれている。タバサ・キャッシュ、メラニー・コスト、オヴィディといったポルノスターを夢見る娘もいれば、音楽専門のケーブルテレビで二十四時間流れているビデオクリップのスターに憧れる少女もいる。こうした映像では、ブリットニー・スピアーズやクリスティーナ・アギレラといったスターが「肌を露出し、たくましい男性に淫らにすり寄ったり、SMにもちいる器具をもてあそぶ(27)」姿がみられる。たとえこれがビデオクリップを製作する男性の妄想で、若い娘の夢ではないとしても、マシーンと化した乱暴なセックスのイメージを目にしながら少女たちが成長するのはたしかだ。

タブーから解放されたのか、それとも妄想の虜になっているのか？ セックスが軽くなったのか、それともセクシュアリティを肉体的感覚のみに還元してしまっているのか？　欲望の正当化か、それとも暴力のはけ口か？　女性として開花したのか、それとも孤独で性的に不幸なのか？　過去への回帰を夢見る保守派とさらなる解放を求める革新派の間で、大多数の女性はどの道を選択すべきか迷っている。そんななかで、あたらしい道徳的フェミニズムだけは、自信たっぷりに現状を分析し、どのような変化が必要か説いている。

2　飼いならされたセクシュアリティという神話

道徳的フェミニズムの診断は、次のとおり明白だ。太古の昔から、男たちは自らのセクシュアリティのあり方を女たちに押しつけてきた。今日進行しつつある見せかけの性の解放は、支配と暴力という側面を増大させた。ポルノグラフィから夫婦間レイプ、大都市郊外でみられる集団レイプから売春のあらたな増加まで、男性のセクシュアリティは猛威をふるい、とどまるところを知らない。早急に状況を改善する必要があり、そのためには支配と服従の忌まわしい関係や金の力、欲望のあいまいな両義性とは無縁なあたらしいセクシュアリティを生み出さねばならない。透明かつ民主的で、契約にもとづくセクシュアリティ。このやさしく無垢なセクシュアリティを実現するには、妄想と倒錯を共有し、性衝動を見極めたうえで飼いならす必要があるという主張だ。ひと言でいうと、両性の類似を前提とする単一のセクシュアリティなのだが、実はそのような類似性は存在しない。

「純粋性というおとぎ話[28]」

すべてを「男性支配」で説明し、女性を犠牲者とみなすフェミニズムは、性に関して堅苦しい説教じみた発言は決してしない。セックスを禁止したり、結婚の枠のなかにおさめようとはしないし、第一そんなのは今日ではナンセンスだ。にもかかわらず、売春に関する最近の議論において、正当なセックスと不正なセックスという概念がふたたび登場した。さまざまな流派の売春禁止推進派と廃止論者の議論では、正当なセックスの称揚よりも不正なセックスの糾弾の方がよく聞かれるが、そこから正しいセクシュアリティとは何を指すのか推測するのは簡単だ。

絶対悪は金銭で、「女性の身体をモノと化し、性的かつ社会的に支配することで女性を非人間化する[29]」。キリスト教とマルクス主義の両方の影響を受けたこの見方によれば、金銭は腐敗と暴力的支配のあらわれにほかならない。こうなると、臓器の売買と金で買うセックスの区別はなくなり、強姦と売春も同じなら、自分の意志で売春する女性と隷属状態で売春させられる女性も同じとみなされる。どのケースにおいても、身体の商品化と人権侵害がみられるからだ。ただひとつ認められるセクシュアリティは無償、すなわち無垢でなければならず、そこでは双方に欲望が存在しなければならない。

正しいセクシュアリティがどんなものかを示す文章をふたつ紹介しよう。ひとつ目は、ケベック州でみられた売春反対の宣言文だ。そこではまず、「一部の男性の病的な欲望を満たすことを強要される人間が存在することを社会的に認める」人々が批判されている。「実際、娼婦に金を払うということは、欲望を感じていない相手をファックしたがることを意味するので、これは病気にほかならない」と著者は述べ、つづいて健全で正常なセクシュアリティとはどんなものか示唆している。

残念ながらまだユートピアにすぎないが、健全な社会ではセックスは愛情と共通の欲望を共有するためだけに行われるべきだ。双方の快楽のみが唯一可能なセクシュアリティとみなされる。ところが、宗教の多くは精神性とセクシュアリティを分離してしまった。本来ならば、セクシュアリティは精神に関わる問いを通して考えられるべきだった[30]。

この「健全で喜びに満ちた」セクシュアリティは、フランスのフロランス・モントレノによる署名運動の文章においても称揚されている。「メスの番犬」の会長だったフロランス・モントレノは、今では「ラ・ムット」（La Meute、「犬の群れ」の意）のリーダーだ。二〇〇〇年七月二十九日付のこの文章は「自由で無償の愛、万歳」と題され、売春廃止を呼びかけている。抑圧を好まないモントレノが推奨するのは、男尊女卑な見方をする男性を教育することだ。彼女はこうした男性を「女を肉とみなす男」とも呼んでいる。「愛と欲望を別々に考えるのがこうした男性の問題点だ[31]」とも述べている。この言葉は、実は正しいセクシュアリティにおいては愛あるいは共有された欲望がなければならない、と暗に意味している。感情とは無縁の衝動的なセクシュアリティは不法かつ非道徳的で、よって攻撃の対象となる。これを強姦と同一視するフェミニスト団体も多い。

以上のようなセクシュアリティのみを正当とみなす立場には多くの問題点があり、議論の的になっている。まず、衝動的なセクシュアリティや金で買うセックスは、男尊女卑の男性や「女を肉とみなす男」だけのものではない。認めたがらない人間は多いが、金でセックスを買う女性も増えている。[32]女性のセクシュアリティに関する最後のタブーがなくなれば、さらに増えることだろう。女性が男性と同じ性的自由を要求すること、つまり感情なしにセックスすることは、あいかわらず悪徳か異常とみなされている。女性が金で買う男娼も、強姦の犠牲者とみなされるべきだろうか？　〝快楽のための快楽〟という態度は今でも過去の罪悪と同一視されているのか？　他方、女性を買う男性を合法の強姦犯人や「女を肉とみなす男」とみなすことは、娼婦には尊厳も責任もないと決めてかかっているため、娼婦に対するもっとも厳しい非難でもある。売春行為は堕落の最終段階とみなされるため、娼婦は「絶対的犠牲者」、「深淵の住人」の地位、さらにはもっと屈辱的なたんなる「肉」の地位に貶められる。つきることない同情の言葉の底に感じられる軽蔑は、そのような態度をとるのが男女平等の闘いの最前線にいる、フェミニストを心底から自認する女性たちだからこそなおさら許しがたい。

最後に、この金銭を完全に排除する「無垢な」セクシュアリティにはもうひとつ問題がある。しかもそれはふだん話題にされない問題だ。どこからどこまでが悪徳だろう？　無償で、かつ欲望が共有されることがセクシュアリティの美徳をはかるための基準だとすれば、結婚相手やパートナーを相手の社会的地位や経済力を理由に選ぶ男女についてはどう考えればいいのか？　なにかと引き換えに、好きでもない相手と寝る男女はどうだろう？

この点に関して、フランス世論研究所（ＩＦＯＰ）の最近の調査は雄弁だ。「女性にモテるためにはお金がいる」と考えるのはフランス人男性の九六％にのぼり、二八％が週末を外国で過ごそうという誘いに女性は「必ずのってくる」と答えている(33)。この傾向について、ウルトラリベラリズムの悪影響のひとつとして糾弾する者もいれば、ロマンチックな恋愛観の終わり、あるいは愛とセックスの乖離とみなす者もいる。だが純粋さを称揚するフェミニストたちの見方はちがう。精神構造を変えることはできなくても、街角の売春は糾弾できる。ここでもやはり、純粋性というおとぎ話は抑圧に行き着く。右派と左派の区別なく、ボルドー市やパリ市は売春対策として娼婦と客の両方、あるいは客のみを罰することを検討している。客だけ罰するにしても、娼婦は仕事を奪われるので間接的にだが被害を受ける。パリ市役所のフェミニスト派は用意周到で、常習の客には二年間の投獄（スウェーデンの四倍！）と三万ユーロ（約四二〇万円）の罰金、さらには社会と司法による追跡調査も予定されている(34)。また、罰するだけでなく、客を「治療命令」に処すべき病人とみなす態度は暗い過去を思い出させる。娼婦の方はといえば、重度の心理的機能障害に苦しみ、「脱身体化」症候群をわずらっているという報告が折よくなされたところだ(35)。つまり、悪質な衝動を退治するための準備は整ったというわけだ。

透明性と同意

このふたつの言葉は切っても切れない。道徳的フェミニズムによれば、性行為に同意することは、要求が透明で明確であることを必要とする。すべてが言葉にされ、明示され、はっきりしていなければならない。その昔プロテスタントの国にみられたように、窓にカーテンをつけるべきではなく、人間の内部はすべて明るみに出さねばならない。欲望もはっきり示すべきで、相手がそのすみずみまで見極めることができねばならない、となる。欲望のある側面の露骨さや乱暴さを隠そうなどという恥じらいは不要だ。すべてを言葉にし、自分のすべてを見せねばならない。この意味では、同意の理論を展開するフェミニストたちは、熱意の点で十六、十七世紀のカトリック教の告解の手引き書と現代の若者による告白小説に近い。カトリック教には信者が犯した罪の告白を聞く告解師が存在し、当時の手引き書には性に関する質問リストが長々と記載されていた。忘れずに細かい質問をすることで、告解師は信者の罪の重さをできるだけ正確にはかろうとした。「彼はあなたのここに手を触れましたか？　ここには？　どの穴に挿入しました？　快楽を味わったのは中でしたか、外でしたか？」といった質問だ。今日ではこのような告白はわざわざ問いただす必要はなく、できるだけ多くの人間に向けて堂々と語られる。露出趣味の熱につかれたような若い男女が、もっとも内密な欲望やセックスの悩みについて長々と打ち明ける。有名な作家から、テレビカメラを前に告白する名もない視聴者まで、だれもが性生活の細部までを公然とさらすことを夢見る。告解師や精神分析医との一対一の告白は味気なくて、飽きたのだろう。だが目的は同じで、すべてを言葉にし、明らかにするのが望みだ。

人前で告白したいという欲求はフェミニストたちの観点と相容れないが、あいまいさのまったくない同意の必要性の方は、欲望を完全に明示するべきだという考えと一致する。大事なことは、相手の欲望に対して完全な自由を保持することだ、とされる。「受け入れることと同意することはちがう」[36]という説が聞かれたし、アメリカの大学構内ではどこでも、少しでも精神的プレッシャーがかかればセックスはすぐに不正な性質を帯びる、とだれもがこぞってくりかえす。これは性行為を強姦と同一視しようとする態度で、言葉の意味がきわめて重要になってくる。「イエス」と「ノー」に関するフェミニストたちの言説はつきることがないが、奇妙なのは四つの可能な組み合わせの内、常にふたつしか問題にされない点だ。すなわち「ノーを意味するノー」と「ノーを意味するイエス」で、「イエスを意味するイエス」にはだれも興味を示さないし、「イエスを意味するノー」の存在は無視される。

アメリカの大学構内では、ノーは常にノーを意味すると考えられている。実際、性的な誘いを受けた場合、こちらにその気がなければ、そのことをはっきりと示すはずだと思われている。攻める男性の方は聞こえないふりをして、獲物にさまざまなプレッシャーをかけることができる。これが肉体的プレッシャーの場合、すなわち腕力にうったえる場合、明らかに強姦になる。だが、同意に関する理論を持つフェミニストにとっては、精神的プレッシャーも同じだけの拘束力を持ち、いわゆる「非暴力的な性的強制[37]」とみなされる。言葉による強制は、「身体的暴力にうったえるという脅し以外の説得を男性がもちいたため、望んでいない性行為に女性が同意すること」と定義される。たとえば、セックスしないと別れるという脅し、女性に不感症だと思い込ませる、あるいはセックスはだれでもしている、といった説得だ。女性がこれに屈する場合、ノーを意味するイエスとなる。女性は受け入れはしたが同意ではなく、強姦の問題が再浮上する。

一九八〇年代末、教育的配慮からハーヴァード大学の学生（性別は不明）が『それをレイプと呼ぶ』と題された戯曲を書いた。言葉による誤解がレイプに発展する危険について、他の学生に注意をうながすのが目的だ。ケイティー・ロイヒーがその一節を紹介している。

若い男女がふたりでビデオを見ている最中、男の方が娘にのしかかろうとする。娘はセックスしたくない。男がことを進めるので、乗り気でないことを伝えるための最後の努力として、「わたしとセックスしたかったら、コンドームを使ってよね」と言う。男の方はこの言葉をイエスと解釈するが、本当はノーなのだ。戯曲の作者によれば、この状況でのセックスは、コンドームを使っても使わなくても、レイプになる。(38)

セックスを正当化するには、言葉は不十分というわけだ。言葉になる手前の領域、すなわち言葉にしない意図、意識されない嫌悪感、女性の「ノー」に固有の困難さなどをはかる能力が必要とされる。女性の受け身な態度や内気さは過去のものだと考えるのはまちがいで、これらを考慮に入れなければならない。この説にしたがえば、女性のイエスは、はっきりと言明される時以外は、注意が必要ということになる。ミシェル・フェエールがいうように、「女性が男性の口説きに応じる時、その同意の有効性の疑わしさ(39)」を払いのけることはできない。

奇妙なことに、女性の内気さや隠された意図といった要素は逆の状況、すなわち「イエスを意味するノー」に関しては考慮されない。アメリカ流フェミニズムの代弁者と自認するエリック・ファサンは、「女性が形だけ拒絶し、一応は抵抗することで、同意をよりうまく示すことは珍しくない」と認めているが、同時にそれをヴィクトリア朝時代の名残にすぎないと考えている。[40] 逆に、ルソーの『エミール』第五巻を再解釈したパトリック・オシャールとクロード・アビブのふたりは、性的役割は非対称で、女性の欲望と男性の欲望は補完しあうと述べている。[41] 男性が「征服」し、女性が口説きに「屈する」のは自然の掟の一部なのだろう、というのだ。フェミニズムの観点からみて、この説明が受け入れがたいのはいうまでもない。これを認めれば、あらゆる力の濫用に逆戻りしてしまう。

けれども、女性がノーと思いながらイエスと言うのが可能だと考えるなら、その逆も認めねばならないだろう。今日では欺瞞はもうみられないので、感情のあらわれとしての「恥じらい」という言葉を現代の語彙から消しさってしまおう、というなら話は別だが。だが、現実は本当にそうだろうか？　心と身体は常に同調しているので、人間は結局のところ欲望をコントロールできると考えていいのだろうか？　だが、同意の理論を展開するフェミニストたちは、このような議論には貸す耳を持たない。彼女たちは、女性がすぐに自分の欲望と嫌悪の完全リストを作成することを要求する。こうして、性的契約という考え方が登場してくる。

同意と契約

性行為の規制を目的とする憲章を一九九〇年代はじめに公布したオハイオ州のアンティオック・カレッジの取り組みは、フランスでは嘲笑の的になったが、アメリカでも同じ反応がみられた。性行為は、その過程のあらゆる段階に関して両者のくわしい承諾を必要とする、というものだ。性的親密さを増すための動作は、いかなるものであれ要求と許可を伴うことを意味する。事後の異議申し立てがないよう、契約書を作成する（公証人が必要かもしれない！）のが理想だ。

強硬派のフェミニストの目にさえ、この性的契約は両者の同意に関する理論のとんでもない戯画化にみえた。想像力や自発性の余地がまったくないセクシュアリティは、エロチシズムの終わりを意味する。次のような指摘もあった。

これから恋人になろうという男女ふたりが、肉体関係が正当化される唯一の条件である自由で平等な恋愛へと、まったく同じ歩調で向かっていく確率はもちろんきわめて低い。（中略）同様に、ふたりの自然な欲望が同じ時期に芽生えて、同じリズムで熟す確率もきわめて低い(42)。

とはいえ、このばかげた契約は、同意理論が要求する透明性を押し進めた論理的な結果なのだ。相手が望まない性的関心はセクシャルハラスメントとみなされ、あいまいな言葉や動作は法的に罰せられる可能性がある。格言とは逆に、なにも言わない男女は同意していないとすると、なんらかの形であらかじめ一種の契約を制定しておく必要は当然ある。「合法の」セックスにおいては、言葉にされない駆け引き、不意打ちや見せかけ、自発的な誘いの余地はないのだ。

アメリカのフェミニストのなかでも、一貫性があって信条にうるさい流派が、異性愛関係の基準を契約形式に求めようとしたのはこのためだ。アメリカ哲学協会の賞を受賞した短いエッセイにおいて、女性の哲学者ロイス・ピノはアンティオック・カレッジの規則に想を得たコミュニカティヴ・セックスのモデルを提唱している。彼女曰く、この制度によれば男性は「イエスを意味するノー」をもう主張できなくなるのが利点だ。こうすれば、レイプの件数、とりわけデートレイプの件数を減少させることが可能だ、とピノは主張する。ダフネ・パタイも指摘しているように、キャサリン・マッキノンとちがってロイス・ピノは、女性は動作やほのめかしだけでなく、はっきりとした言葉による同意を与えることができると考えている。(43) 言葉による拒否はいけないことではなく、むしろ称賛すべき態度だ、と。

フランスでは、性的契約というテーマに関してこのような議論がなされたことは一度もない。「同意とは美しい言葉、美しいもの(44)」と言うだけで、その「もの」を定義しようとはしない。同意の拒否とその反対、すなわち官能的衝動がなにを意味するかは、もちろんだれでもわかっている。だが、恋愛やセックスにおける同意が白黒はっきりしたものではないこともよく知っている。たぶんこうだ、煮え切らない、イエスでもノーでもある、といった灰色のゾーンは複雑で、時には矛盾もみられるので、これに関しては発言したくないし、知りたくもない。フェミニストの理論と政治からは無意識も閉め出される。透明性を実現するために払うべき代償なわけだ。

唯一知られている性的契約は、売春行為を規定するものだが、売春廃止を唱えるフェミニストたちはこれを認めようとしない。だがこれこそ、どういった動作が許され、どの行為が拒否されるかに関して、両者の間であらかじめ了解が成立しているケースだ。行為のそれぞれは値段が決まっていて、独立した娼婦は客の要求を受け入れるか、拒むか自分で決める。完全な透明性が実現されているが、それは恥じらいと感情が排除されているからだ。逆説的なことに、これが理由で売春における契約を認めない者もいる。売春廃止論者にいわせれば、感情や欲望を排除したセックスに自由意志で同意することは不可能だ。自らの身体を取引の対象とすることは隷属、ひいては精神異常の証拠にほかならない。健全な精神状態の女性が自分から売春に「身を沈める」ことはあり得ない、と廃止論者は主張する。貧しさ、女衒による身体的拘束、過去のトラウマでしか、売春行為は説明できない。よって、娼婦による同意にはなんの価値もなく、性的契約は無効になる。フェミニストの一部が強姦と売春を同一視するのも無理はない。

強姦は、男性による女性の支配を容赦なく白日のもとにさらし、目に見えるものにする。売春によって客の男性が女性の身体を支配する時、客が媒介するあらゆる想像上(原文のまま)かつ現実の暴力が行使される(45)。

3　女性のセクシュアリティのモデル

女性のセクシュアリティと男性のセクシュアリティの違いが広く認められていることは、さまざまな調査の結果から明らかになっている。セックスと愛情を切り離せるか、という問いに男性はためらわずイエスと答え、女性はノーと答える。たとえ、モスュー＝ラヴォーも強調しているように、性に関するステレオタイプは弱まりつつあり、「女性が男性のように振るまいはじめる一方で、男性が愛情にこだわる」にしても、男性の欲望と女性の欲望はちがうという考えは今も存在する。このテーマに関してパスカル・ブリュックネールとポーラ・ジャックが対談した際、前者はこう述べている。

男性のセクシュアリティは単純で、機械的だ。欲望はあらゆる方向に向かう。売春が男性だけを対象とするのは、男性のセクシュアリティは即時的な欲望に因《よ》っているからだ。

後者も男女間の時間的な差異を強調し、古代から男性は獲物を追う側だったと述べている。彼女はこう問うている。

スピーディで移ろいやすく、不安定な（中略）男性のセクシュアリティが女性にとって不可能なのは、不幸な宿命のせいだ。女性は愛を感じる場合のみ、すなわちなにかを育む時にしか興奮できないのではないか。[46]

キャトリーヌ・ミエとその同類の若い女性たちがこの「不幸な宿命」を免れているようにみえるにもかかわらず、社会学の分野ではあいかわらず女性の欲望と男性の欲望の間の社会的かつ心理学的差異が強調される。ミシェル・ボゾンはこう指摘する。

カップルの性生活において、男性の欲望と女性の欲望では重要性も正当性も異なる。一番最近セックスした際、どちらの欲望が強かったかという問いに対して、女性の方だったと答えるのは男女ともに十分の一にも満たない。男性の方だったと答えるのは十人に四、五人で、残りはどちらも同じだったという回答だ。男性の欲望の方が決定要素となると考えるのは、男性よりも女性に多い(47)。

男性と女性では欲望がちがうことを意識して、ポルノ映画市場は女性客に目をつけはじめた。先頭を切ったのはデンマークで、ラース・フォン・トリアが女性のニーズに答えるための成人指定映画を二本製作した。女性監督リスベト・リュンヘフトによれば、ポルノ映画の九割が男性によって男性のために作られている。

エロチシズムとポルノグラフィにおいても、女性特有のニーズに応える時期にきています。前戯をもっと見たいし、性器だけでなく身体全体を美しく見せることも大切です。説得力のある登場人物が感情を抱く筋書きで、ストーリーが進展するべきです。唯一の条件は女性が尊重されることで、荒々しくあつかったり、意に反して服従させてはいけません(48)。

「前戯」、「時間の長さ」、「感情」こそ、女性のセクシュアリティを定義する典型的な三要素だ。男性のセクシュアリティの方は、「挿入」、「消費」、「支配」だ。そして、第二世代のフェミニストにとって、男性のセクシュアリティこそが問題なのだ。

男性のセクシュアリティの糾弾

男性による女性の抑圧はセクシュアリティにもとづき、社会的に女性が下位にあるのがそのせいだとすると、とるべき道はふたつあり、本質主義と文化主義のどちらの態度を選ぶかによって決まってくる。本質主義の場合、男性と女性を分離し、異性愛を拒否するべきだ、と主張される。文化主義は、男性のセクシュアリティの改造を目標とする。一九七〇年代以来、アメリカのフェミニストたちはこのふたつの選択肢を押しすすめてきた。だが、レズビアンで分離主義のフェミニストたちが男性と決別するよう何度も呼びかけても、効果はなかったし、これは驚くにはあたらないだろう。一九八四年にも、女性哲学者ジョイス・トレビルコットや他の数人が、異性愛という制度に加担するのをやめるよう女性たちに呼びかけたが[49]、まったく反響が得られなかった。これに代わったのが、文化主義的な言説だ。

本来の価値観を捨てることなく、女性のあるべき姿を擁護するフェミニストたちは戦略的後退を試みた。よって、女性に固有のものだと彼女たちがみなす文化とセクシュアリティを法的な防衛手段としてもちいるのが主な戦略となった。いいかえれば、マッキノンをはじめとする法学者を主力メンバーとする第二世代の文化主義フェミニストたちは、男女のセクシュアリティが相容れるかどうかという問題を保留にし、男性による力の濫用を糾弾することにエネルギーを集中するようになった[50]。

表向きは、男性の本質を攻撃するのはもう終わりで、その病的発現形態(ポルノグラフィ、セクシャルハラスメント、暴力、売春、強姦)のみを標的とすることになっているが、男性性の批判はあまりにも過激で全般的であるため、彼女らの激しい非難を逃れられるような男性はごく少数派にすぎない。ドウォーキン、マッキノン、あるいはバリーの著書を読めば、男性のセクシュアリティそのものが糾弾され、同時に異性愛も問題視されていることがわかる。

ドウォーキンとマッキノンのふたりが、男性は獲物を追い求める強姦犯人であるという説を展開したのは、ポルノグラフィを禁止させるための議論においてだった。

第一段階では、まずセクシュアリティに関する女性の視点を取り戻す必要がある。

今日まで客観的とされてきた男性の見方では、強姦と性交、セクシャルハラスメントと通常の性的接触、ポルノグラフィとエロティシズムは明確に区別されてきた。男性の見方は区別することでこれらを定義している。だが女性の経験では、日常的で正常な体験とその濫用とをそれほどはっきり区別することはできない。（中略）まさにこれらの日常的な形をとるセクシュアリティによって、わたしたち女性は実はしばしば強姦されている、というのがわたしたちの考えだ。こうしたことは暴力の濫用であってセックスの問題ではないと言いつづけるかぎり（中略）、強姦と性交、セクシャルハラスメントと性的役割、ポルノグラフィとエロティシズムの間の境界線を、今までどおりにしておくことになる。(51)

ごく普通の男女間の性行為も実は強姦だ、というマッキノンの解釈（あるいは確信）がはっきりと読み取れる。この論文においてマッキノンは、強姦の法的定義は性器の挿入を含むことを再確認している。ところが、社会制度としての異性愛はまさしくペニスのワギナ挿入にもとづいている。[52]ということは、両者の間に性質上のちがいはほとんどない、とマッキノンは主張する。両者を区別する男性の視点に女性はあまりにも毒されているので、本当は自由ではないのに、自分が自由だと思い込んでいる。相手がだれであろうと、恋人でも夫でも強姦犯人でも、女性はつねに服従し、拘束される立場にあることになる。

第二段階では、ペニスを糾弾する必要がある。今度は、レズビアンであることを公言しているアンドレア・ドウォーキンが、男性の暴力の根源である「数センチの肉片に対して」[53]攻撃をしかける。全能のペニスは暴力的で傷を負わせるので男性性の表現そのものである、という説をドウォーキンは執拗なほど何度もくりかえしている。

男性の文化においては、ペニスは武器、とりわけ剣とみなされる。「ワギナ」という単語はもともとは「鞘《さや》」を意味する。男性優位が支配する社会では、生殖が死をもたらす力と同じ性質を持つのは、ほとんど必然的だ。つまり、精液は女性にとって死をもたらす潜在的要因にあたる（原文のまま）。数世紀にわたって、女性がセックスを嫌って拒否し、不感症だったのは（中略）、ペニスの力に対する女性の反乱を意味していた（中略）。男性が定義するセクシュアリティとペニスを女性が嫌うのはピューリタニズムの厳格さのせいではなく、女性に対する男性による暴力の主な媒体であるペニスを奉るのを拒むからだ(54)。

友人のマッキノンと同じく、しかも手加減なしに、ドウォーキンも強姦は異性愛の枠組みの一部だと結論している。男性性の性質を根本から改造しないかぎり、変わりようがないという主張だ。

第三段階はそこまできている。男性性とそれを表現するセクシュアリティを文明化し、やわらげ、民主化しなければならない。獲物を追う男性とその無力な犠牲者という最悪の対立から抜け出すための、唯一の手段だというのだ。

男性のセクシュアリティの文明化

男性のセクシュアリティを攻撃する著作は多いが、それがどうあるべきかをはっきりと説明したものは少ないので、ふつうは批判の裏側に浮かびあがるのを推測するしかない。あらゆる挿入を侵害とみなす立場からみれば、ドウォーキンのいう「ワギナの侵略」よりも愛撫を重視するセクシュアリティが望ましいとされる。異性愛行為には強姦の危険がつきまとうとするドウォーキンにとって、強姦の危険を帯びないセクシュアリティは親密さ、やさしさ、協同、感情の四つのキーワードによって定義される[55]。フロランス・モントレノの方はといえば、彼女が問題視するのは異性愛ではなく、「男尊女卑」のセクシュアリティだ。

セックスに関する語彙には男尊女卑が浸透しているので、ワギナ挿入以外の快楽はメインではないという意味で「前戯」と呼ばれるほどだ。セックスとは、女性を「所有する」こと、「手に入れる」ことにほかならない。誘惑は軍事作戦のようなもので、女性は城塞のように身を守り、男性は「発射する」。それでおわりだ[56]。

このようなセックスを実践する男性は不器用で無知なのだ、という反論もあるだろう。愛し方が下手なだけで、男尊女卑とはかぎらない。他方、女性の方も意志のない物体ではない。強姦の場合は肉体的拘束に屈するわけだが、それ以外の場合は女性も気に入らない行為ははっきりとそう言うことができるし、二度とそれをくりかえす必要もない。前戯は男女がおたがいに学ぶべきものであって、ドウォーキンによる女性のセクシュアリティの四つのキーワードは必ずしも有効ではない。

とはいえ、こうした女性のセクシュアリティの見方はかなり偏っていないだろうか？この非常に伝統的なモデルは多数派かもしれないが、キャトリーヌ・ミエをはじめとする恋多き女たちにはあてはまらない。アンドレア・ドウォーキンは前性器期の子どものセクシュアリティを理想とするようだが[57]、そこまで回帰するのは問題外だとしても、男性のセクシュアリティを「女性化」するべきだという主張がみてとれる。親密さとやさしさだけが欲望のすべてではない。性衝動の荒々しさは男性だけのものではないし、必ずしも強姦につながるわけでもない。ところが、こうした点は決して問題にされない。また、ポーリーヌ・レアージュの官能小説『O嬢の物語』のヒロインとは逆に、男性に外の生活では対等の「パートナー」であってほしいが、ベッドでは力強く支配してほしいと要求することになんの抵抗もない女性も問題外とされる。

セクシュアリティの多様さは証明ずみだし、リビドーの複雑さも同じだ。にもかかわらず、欲望を飼いならそうという試みをまだあきらめない者もいる。この意味で、現代はフロイト以前に逆戻りしつつある。たしかに、十九世紀にはリビドーを夫婦関係に閉じ込めねばならなかったし、男女ともに婚外交渉は禁止されていた（もちろん、女性に対する禁止はより徹底的だったが)。今日では、まず男性のセクシュアリティを制限する必要があるとされる。子どもや精神薄弱者といった自己責任のない存在との性交渉を禁止するのは以前から変わらないが[58]、それよりもむしろ合法のセクシュアリティの性質を再定義するというアプローチが主だ。売春に関する議論の際、信じられないような意見がかなり出された。「男性の衝動にブレーキ」をかけるべきだと主張するフランソワーズ・エリティエが、男性の衝動の「合法性」を糾弾する時など、時代と社会をまちがえているとしか思えない。

決して議論の対象にならない唯一の点、それは男性のみの衝動の合法性だ。男性の衝動は人間性の正当な要素として必要とみなされ、発現する権利が認められているが、これらのどれも女性の衝動には認められないし、その存在さえ否定される(中略)。男性の衝動は遮られることも阻止されることもないし、暴力的あるいは乱暴な形であらわれる時以外は、その発現は正当とみなされる。

男女間のこの非対称は、一九七〇年代のフェミニストたちのおかげで姿を消したと考えられるが、フランソワーズ・エリティエはこの見方に反対で、「男性の性衝動の正当性はあきらかに自然で自明のものと思われているが、これを見直すべきだ」と主張する。「性衝動を完全に（？）抑圧するためではなく（それは馬鹿げているので）、女性の衝動の正当性も平行して認めるような性のあり方を実現するためだ」と述べている[59]。フランス人の性生活に関するさまざまな報告によれば、それぞれがすでに問題提起を行っているし、男女間のあたらしいバランスが実現されつつある。女性の欲望を抑圧するのは時代遅れだし、「男性に言いよられて拒否できなかった無抵抗の女性を道徳的に責めたり、社会から閉め出したり[60]」する時代でももちろんない。女性のセクシュアリティをどの視点からながめるかによって、瓶のなかの酒は半分残っているとも、半分飲んでしまったともいえるが、空っぽなわけではない！

「性衝動にブレーキをかける」とは何を意味するのだろう？　教育と文化はたしかに性衝動をなんとか昇華することを可能にする。法律も、性衝動を男女相互の責任の範疇にとどめようとしている。だが、日々の三面記事からもわかるように、性衝動はかんたんには改造できない。衝動の核の部分を完全に飼いならすのは不可能だ。セクシュアリティは意識だけにしたがうわけでもなければ、それぞれの時代に定義される道徳規準にしたがうわけでもない。セクシュアリティは市民性と混同されるものでもない。それはまったく別の次元のもので、妄想と無意識のエゴイストな世界に属する。だから、「男性がみずからのセクシュアリティを問題視する時期がきている[61]」といった文章を見ると、わが目をうたがってしまうし、「平等と他者の尊重にもとづく男女関係を市民に教育し、男性のセクシュアリティに関する旧来の観念を捨てるべきだ[62]」という意見にも驚きを禁じ得ない。ファッションのようにセクシュアリティを近代化しようというのだ!

さらに驚きなのは、女性の売春廃止論者による全面的ブレーン・ストーミングの呼びかけだ。

> あらゆる団体、政党、組合に所属する男性全員が賛同し、彼らのセクシュアリティを改造するよう、また売春制度にたいする態度をあらためるよう呼びかける。(中略)彼らの本能、欲望、抑えがたい欲求を解消する方法をみつけ(中略)、望まないのに金銭のために性行為をくりかえす、売春という女性と子どもに対する暴力を根絶することが目的だ[63]。

運動によって男性の衝動を抑制できるというのだろうか?「女性と子ども」をいつも

一括りにするのもおかしい（間に少女は存在しないので、子どもからすぐ大人になるような印象を与える。もちろん、けっして完全に大人にはなれない娼婦は別なのだろう）。多数決で採決した動議によって健全なセクシュアリティを決定することができるかのようだ。いっそ、精力を抑えるとされる臭化カリウムを毎日多めに与えた方がましだろう！

男の子も女の子のように

こうなると、女性のセクシュアリティの方が望ましいという結論がみえてくる。おだやかさとやさしさが女性を旧来の男性のセクシュアリティに固有の暴力と支配から遠ざけるというだけでなく、身体のつくりの点からも女性は暴力を行使できない、というのだ。この決定的な相違をうめあわせるための方法としてよく提唱されるのが、男性のセクシュアリティを女性のセクシュアリティに近づけるというもので、そのためには息子を娘のように育てねばならなくなる。クリスティーナ・ホフ＝サマーズの著書『少年に対する戦争』(64)を読むと、アメリカ合衆国では男性のステレオタイプにたいする攻撃がすでにはじまっていたことがよくわかる。男性性の過剰な点が攻撃されるのではなく、あらゆる暴力の原因とみなされる男性性それ自体が非難される。第一、男性性の賛美が聞かれることもますます少なくなってきていて、それどころか男性性に関連する美点は例外なしに否定される。勇気と危険を冒す勇敢さはむしろ無分別や慎重さの欠如とみなされるし、力は暴力と同じで被害を生み、征服心はおぞましい帝国主義という大罪と変わらない、とされる。

この男性性の見方はふたつの点からみて有害だ。まず、伝統的に男性のものとされるこれらの美点は、実は男女両方に帰属する。これらの美点をけなすことは、それらを男性から奪うだけでなく、女性にも禁じてしまうことだ。女性を保護すべき犠牲者としかみなさない人間は、女性もノーと言うことができ、平手打ちをくらわすこと、つまり、心と身体の両方で自己防衛することができるとは考えない。ただし無言で受け身、かつ服従する女性というイメージは中学校での護身スポーツの授業によって打ち消されつつある。もう一点は、多くのフェミニストが一九七〇年代から一九八〇年代に経験した性区別のない教育の失敗で、これは彼女らのイデオロギー上の先入観にはかなりの痛手だった。家庭での女性の仕事と男性の仕事を区別する必要があるわけではないが、幼い少年と少女に同じおもちゃを与えて同じ活動をさせ、アイデンティティを構築する手がかりとなる物まで同じにしようというのはナンセンスだし、危険だ。性的アイデンティティの習得は不可欠で、だれがなんといおうと、そのためには男性性と女性性を対比し、誇張やステレオタイプに頼ることも必要だ。性的アイデンティティを習得するために少年が苦しむのは理不尽だし[65]、逆にこの過程は後にもうひとつの性、すなわち自らの女性性を再発見するための条件でさえある。男性のアイデンティティの意識が確立されてはじめて[66]、男女間の境界が消え、互いの理解が可能になる。両性の相似は発達過程の最初にあるのではなく、最後にたどり着く地点にある。教育はなんでもできて、熊さえ踊らせることができる、と言ったのはライプニッツだが、少年は熊ではないし、性的アイデンティティの習得はもっと真剣な問題なのだ。

だからこそ、男性のセクシュアリティを女性のセクシュアリティに合わせようとする動きや、身体を取り締まる試みが伝えられると、懸念せずにはいられない。たとえば、男性も排尿の際に女性のように座らせようという要求などは、どうとらえるべきだろう? この奇抜なアイデアはベルリンの革新派のフェミニストたちの間でみられ、一九九八年に『リベラシヨン』紙が伝えたところによれば、「彼女らは男性が立って排尿しているイラストに大きな赤いバツ印をつけた禁止の貼り紙をトイレに貼った。立って小便するとトイレを汚すので、便器に座れ、というのだった[67]」。スウェーデンでも同じ傾向がみられ、衛生にうるさいフェミニストたちの間では、小さな男の子に女の子のように座っておしっこするよう教えるのが上品だとされる。すでに一九九六年に、新聞『イェーテボリポステン』は「息子に座っておしっこさせる残酷な母親」を糾弾する男性による怒りの記事を掲載している。スウェーデンの若い世代に影響を及ぼすこの現象を、英紙『スターリング・タイムズ』は二〇〇〇年四月にくわしく報じている。それによれば、たとえばストックホルム大学のとあるフェミニスト・グループが男性用の小便器を撤去するよう大学当局に要求するキャンペーンを行った。立ち小便は下品さの極地とみなされ、猥褻な暴力、ひとことでいって男尊女卑のわいせつな動作とされるようになった。今のところ、男性たちは不満だが、反対するのは控えている。若い父親たちは妻に強制されて、この非常に女性的なあたらしい身体テクニックを仕方なく息子に教えている。

　こうした状況を前に笑ってすませることは可能だが、象徴的な暴力もみてとれる。サミア・イッサが証言するレバノンのパレスチナ人難民キャンプでの暴力と、深刻さはちがうが対称をなしている[68]。このキャンプでは、女子用トイレの存在自体が挑発的であるという理由で、男たちが女子用トイレを廃止してしまったので、女性はビニール袋を使わねばならなくなった。この場合はたしかに男性支配を非難すべきだが、スウェーデンの場合は女性支配を問題にするべきだろうか？

今日、防衛的フェミニズムはセクシュアリティの分野で二重の矛盾にとらわれている。女性の性的自由についてまったく論じることなく、男性のセクシュアリティをますます厳しく取り締まろうとすることで、同時に女性のセクシュアリティをも制限してしまっている。性犯罪の概念が拡大解釈され、それにともない処罰がこの数年で制定されるにつれ、合法で道徳的、かつ神聖化された性のあるべき姿が描かれつつある。そして、その対極には若い世代が享受する（あるいは濫用する）性的自由がある。他方、この防衛的フェミニズムは差異主義を嫌いはしないが、まさに両性が異なる分野においてふたつを類似させようとしている。男性支配と闘うことは必要だが、男性性を脱構築して伝統的な女性性に合致させようというのは、罪ではなくても誤りだ。男性を変えることは男性を根絶することではない。男が女、女が男であるためには、それぞれが存在しつづけなければならない。

4章 退行——「女性＝母性」の復権？

フェミニズムの一番の存在理由は男女平等を実現することであって、男と女の関係を改善することではない。流派はちがっても、これは同じだ。前者は目的、後者はその結果であって、ふたつは同時進行すると思いがちだけれども、混同してはいけない。平等のコンセプトとそれを実現するための手段に関してフェミニストたちの間に不一致がみられるため、男性と女性の関係に関する見解の相違があらわれる。フェミニストといっても、流派によって男性との協力関係の維持を必須と考える者もいれば、二次的あるいは不可能と考える者もいる。

いずれにせよ、フェミニズムの言説はまず女性全般に向けられるものだ。受け取る側の女性にすれば、フェミニズムの理論家の間の思想的争いなどには関心がない。とはいえ、争いの結果はまず女性自身にはね返ってくる。とにかく、女性の大多数にとって、男女平等の実現が男性たちとの関係をおびやかすようでは、女性の立場が改善されたとはいえない。これまで主人の立場にあった人間からその特権を奪おうとすると、相手は歯をくいしばって抵抗することを女性たちはよくわかっているが、同時に男女の一方が苦しむと他方も苦しむというマーガレット・ミードの言葉が真実であることも知っている。女性たちは状況の進展が遅いのにいらだち、男性たちはそれまでの特権がつぎつぎと女性に共有されるのに恐れをなしているが、男女ともに大半は共生の道、しかもよりよい形の共生を願っている。ラディカルなフェミニズムが受け入れられそうもないことは言うまでもない。

今こそ、この十五年間ずっと主流だったフェミニズムの流派の成果を問うべき時期にきている。社会一般と同調することで、この流派は時には男女の差異を強調し、時には女性を犠牲者に仕立ててきた。ふたつが同時進行することもあった。右派の政党とも左派の政党とも折り合いがよく、EUの諸機関や諸団体にも浸透しているこの流派の信条は主にふたつの命題であらわされる。女性はつねに男性の犠牲者で特別な保護を必要とするという見方と、女性は本質的に男性とは異なるので、男女平等はこの差異を考慮に入れねばならないという考えだ。

このふたつの命題は、たいていの場合どちらもEU全体で圧倒的に支持されている。これらの命題が描きだす男女関係のモデルと平等のコンセプトに関して、それがもたらす結果を検討する必要がある。今日、男と女の関係はどうなっているだろう？　生物学的差異をふたたび重視することは、女性の解放にはたして有効だろうか？

1　女は男の犠牲、男は女の犠牲

この数年、男女関係にほとんど進歩がみられないことは、否定の余地がない。いや、もしかしたら個人主義も手伝って、悪化したかもしれない。争いが絶えないだけでなく、より深刻になった。じつは男女どちらも、相手の犠牲になったと考えている。ちがうのは、女性がその不満を声高に主張するのに対して、男性はつぶやくばかり。女性たちは、権力と義務がまだまだ平等に分配されていないことにウンザリし、怒っている。対する男性たちはあらゆる特殊性を奪われたと感じ、かつ女性からの矛盾した要求に困惑している。祖父の長所（保護力、勇気、責任感）を保持しつつ、祖母の美点（理解力、やさしさ、同情）を身につけろ、というのだ。つまり、この女性の要求に、男性たちはアイデンティティの混乱から不快感をおぼえるのに対して、女性たちの方はかつての男性のようにふるまったり、男性に指図することに抵抗がなくなってきている。個人の具体的な行動においてだけでなく、社会がそういう傾向にある。けれども一般化は禁物で、男女関係は社会階級や世代によって大きくちがうことを忘れてはならない[1]。生活水準のきわめて低い大都市郊外に住む女性たちの境遇と、中流・上流階級の女性たちのそれを意図的に混同するのは恥ずかしいことだ。くわしい説明もなしに、一般に女性全体が男性全体の犠牲者だと思わせるのはまちがっている。現実はそれよりもずっと複雑で、男女のそれぞれが相手の犠牲になっていると主張するための材料は実際に存在している。

この十五年の間に、フェミニズムのイデオロギーが影響力を増したのは事実だ。逆説的だが、まさにフェミニズムが女性を犠牲者に仕立てあげる傾向を強めるようになった時期に、その思考形式を社会の大部分に押しつけ、政治の分野でも女性保護の法律を認めさせるようになった形だ。強姦に関する刑罰が強化されて以来、男性がおもな加害者となる性犯罪（セクシャルハラスメント、十六・十七歳の売春）があらたに制定される一方、女性を擁護する法律（男女同数《パリテ》や名字に関する法）[*6]が認められた。こうした措置が妥当かどうかを問うのは本書の目的ではないが、かなりの分野においてフェミニズムがたしかに影響力を持っている点を強調しておきたい。しかも、これらすべての法律の制定にメディアの大きな支持が貢献したことは明らかだ。男性というジェンダーが型通りに裁判にかけられたのだが、男性からの反論がまったくなかったのをみると、女性は本人たちが言い張るほど無力な犠牲者ではないのではないか、という気持ちが男性側に起きたのも無理はない[(2)]。

男性の特権は守りきれるものではないので、崩れ去るのは当然だとしても、私生活における風俗の取り締まりや、集団レベルで男性のジェンダーが負わされている漠然とした罪悪感に男性たちは疲れつつある。「女性のための日」の機会に『エル』が掲載した男性に関する総点検アンケート[(3)]をみると、喜んでいる場合ではなさそうだ。

今回ばかりは良識を気にせずに回答できるとばかりに、どの世代の男性たちも不幸な境遇を嘆いた。この三十年間の勝者である女性たちに対する恨みはつきなかった。特権を奪われ、アイデンティティを見失い、不安と恨みでいっぱいな彼らの悪夢は、女性から将来たんなる物体とみなされることで、去勢されて、生殖にさえ不要になるのを恐れているのだった。年長者が「女性ヒーロー」に打ち負かされたと語れば、年少者は「女性支配」についで語ったが、女性というあらたなライバルの出現におののくのは全員に共通していた。

この貴重なアンケートから、男性たちが望みもしない社会変化の犠牲者であると認識していて、しかも女性たちから不当に非難されていると感じていることが明らかになった。男性からみれば女性は絶大な力を有しているのだが、女性の方にはその認識がない。本当のところ、フェミニズムはイデオロギーの闘いに勝利したのであり、今日では道徳面での権力と、男性にひどい罪悪感を与える力を持っている。男性はといえば、残りの分野を支配する権力、すなわち経済・財政面での力をいまだにしっかりと握っているのだが、それを忘れたふりをしている。たとえば、学歴は男性より高くても、女性の方が失業率が高いという事実をもう一度思い出すべきだ。同じだけの学歴・職歴があっても、給料格差のせいで女性は不利だし、いわゆる「ガラスの天井」も神話ではなく本当に存在する。フランスの上位五千企業の重役に女性が占める割合は八％だし、上位百二十の企業の重役会の出席者も女性は五・二六％にすぎない(5)。家事や雑事のほとんどを女性にまかせるため、自分の給料の方が上だという根拠を持ち出す男性がいかに多いかはよく知られている。

男性ひとりひとりはこの現状に関して責任を感じていないので、男性全員がひっくるめて糾弾されているという認識だけが強まる。

暴力や男性支配ばかりが問題にされるが、男性の大多数は自分には関係がないと感じている。男性にあたらしい性道徳をおしつけようとすれば、だれも望まない男女が分離された世界がやってくる日も実はそう遠くない。

だからこそ、次のような問いが必要だろう。女性を犠牲者とするレトリックは誤った方向にもちいられたのではないか？　むしろ、公共の場や職場、プライベートなど、不平等がみられるあらゆる分野において、男女平等の実現のために断固として闘うべきではなかったか？[6]　いいかえれば、男性全体を非難するよりも、不平等を糾弾するためにデモ行進するべきではなかったか？

2　差異の強調

今日のフェミニズムは、女性の境遇が改善されつつあることを女性にむかって報告する義務もある。普遍主義的なフェミニズムの逆を行く形で、今のフェミニズムは平等のコンセプトをおはらい箱にし、昔のように生物学的差異を強調することになんとか成功した。自然賛美が前面におしだされ、社会的・文化的闘いは脇に追いやられた。女性のイメージがかつての枠組みに再びおさまったことに、多くの人間が満足しているようだ。

無防備な犠牲者である「女＝子ども」と、男女同数《パリテ》を法律化するために受け入れられた「女＝母」の狭間で、あれほど夢見た自由な女性という理想を実現する可能性は残されているのだろうか？　いやもしかしたら、男性的な〝文化〟の対極としての女性的な自然という考えを日々編みだす思考体系においては、このような理想は時代遅れなのかもしれない。自らの自然の囚われの身である単一のコンセプトとしての女と、自らの文化を変えるよう迫られている男たち、というこのうえなく矛盾したメッセージに、女性は当惑し、男性はいらだっている。ただし、このメッセージのおかげでこっそりうまい汁を吸っている男性もいる。

この数十年間にみられた最大の進歩が可能だったのは、自然のコンセプトを大胆に脱構築することに成功したからだった。「自然の否定だ」という声もよく聞かれたが、そうではなく自然をそのふさわしい役割に限定しただけだ。こうして、それまでジェンダーを規定していた伝統的な性の役割分担に比べると、前例のない自由が各人にもたらされた。文化を優先する普遍主義のこの哲学が女性の地位を向上させ、同性愛につきまとう恥辱に終止符を打ったのだった。個人の人生は性やジェンダー、セクシュアリティによってあらかじめ決定されるものではない、という認識が生まれた。

ところが、この言説はいまでは時代遅れで、フランスは十年間に二度にわたり、女性にむけてだけでなく社会全体に対して、差異主義的な態度をとった。ふたつの出来事は一見すると無関係にみえるが、実はどちらも「女性は男性と同じ権利と義務を持たない」と「女性は男性とは別の社会を構成する」というふたつの思考をあらわしている。ひとつ目の出来事とはイスラム教のスカーフの学校での着用許可であり、もうひとつは性差を憲法に盛り込んだ件だ。後者は女性を優遇するための差別を正当化するのが目的だった。フェミニストたちはといえば、前者の場合には抗議するのを忘れ、後者では生物学的性差を称揚し、性別による役割の専門化を提唱したのだった。

文化的相対主義から性的特殊主義へ

すべては、一九七〇年代と八〇年代に法の普遍性が疑問視されたところからはじまった。中立のベールに隠されているが、実はこの普遍性は強者の利益を表現しているので、偽りの理念にすぎないというのだった。イデオロギーの上部構造にたいするマルクス主義的批判と、レヴィ＝ストロース流の人類学による民族中心主義の糾弾の狭間で、普遍性は歴史のゴミ箱に捨てられるはめになった。正当性を奪われた空虚な法はその権威を失った。

まず標的にされたのが、世界人権宣言だった。人権は西洋の文化とユダヤ・キリスト教的な価値観のあらわれにすぎないと考える者たちは、それを帝国主義として攻撃するよう呼びかけた。ほかの文化を尊重するという名目のためだった。こうして文化的相対主義が政治の分野に勢いよく進出し、そのために男女平等が犠牲にされることになった。文化的相対主義の最初の攻勢は、アフリカからの移民が家族を呼びよせる権利に関しておこった。一夫多妻制と幼女のクリトリス切除という習慣を移民の権利として認めるべきか、厳密に議論された。移民の習慣を細部まで尊重するべきだという声が各方面からあがったが、その底にあったのは自虐的な植民地主義批判に起因する盲目さだった。アフリカ出身の若い女性たちがフランスの法を適用してほしいと願っても、文化的相対主義を振りかざす良識者たちは聞こえないふりをした。何年にもわたり、あたらしくやってきた移民にフランス共和国の法を教えなかっただけでなく、彼らがこの法に明らかに反する習慣を維持することに目をつむった。不寛容と非難されることをひどくおそれた政府の政治家や省庁は差異の前にひざまずき、犠牲者の苦しみには目をむけようとしなかった。ブノワット・グルーをはじめとするフェミニストや司法関係者たちはこの許しがたい寛容さと闘いつづけたが、そのためには多大な勇気と信念が必要だった。数年間にわたり、文化的相対主義の擁護者たちは反対派に罪悪感を与えることで応戦したが、ついにはこの危険な分野から撤退した。その後、反省の色をまったくみせることなく、ほかの分野で文化的相対主義を展開した。

普遍主義が最初に大敗を喫したのは、一九八九年のイスラム教のスカーフに関する議論においてだった。男と女の地位の違いがはじめて認められたのだ。イスラム教徒の少女によるスカーフの着用という一見すると他愛のない問題の裏に二重の違反が隠されていて、一方が他方を隠蔽しているのだった。一方では伝統的な政教分離に対する挑戦であり、他方では女性にその性質ゆえに固有の義務を課すものだ。挑発的にスカーフを着用した娘たちが両親の意向にしたがったのかどうかはわからないし、もしかしたら着用が何を意味するかを意識したことはないのかもしれない。ただ問題は、着用は男女平等の概念をおびやかし、結果として彼女たち自身の共同体内での女性解放が危うくなるということを、だれも彼女らにきちんと説明しようとしなかった点だ。逆に、多くの人間がスカーフは服従のシンボルであることを無視し、少女たちは自由意志で着用しているのだと主張した。寛容な態度、文化の尊重を求める声が多かった。

イスラム原理主義者がスカーフの着用を強制するのは、女性は欲望の対象にならないように髪を隠さねばならないと考えるためだ。着用している女性は、その家族以外の男性にとって近寄ってはならない存在、触れてはならない存在であるというサインなのだ。スカーフを着用しない女性は、男性を挑発しているとみなされるだけでなく、挑発とその結果の責任を負うともみなされる。つまり、不浄な欲望をかきたてる女性の方に罪があり、欲望を抱く男性は無実になる。女性の身体と男性の身体では価値がちがい、前者は脅威なので隠すことによって性的性格を排除し、無害にする必要がある。フランスの女子高生のスカーフとアフガニスタンの女性のブルカは象徴的には同じ意味を持っている。「見てはならないその身体を隠したまえ、さもなければ所有したい欲望にかられてしまう」というわけだ。ちがうのは原理主義の度合いだけで、もちろん社会によって差がある。

共和国の学校においてスカーフの着用を認めることで、フランス共和国とその民主主義は宗教的寛容の態度を示したかもしれないが、同時に国内において男女平等を保証する義務を完全に怠った。いや、まるっきり逆のメッセージ、「自分の娘を好きなようにしていいですよ、われわれの知ったことではありません」という明確なメッセージを発信してしまったのだ。このメッセージによろこんでとびついた者も少なくなかった。奇妙なことに、文化的相対主義の教義にどっぷりとつかった当時の政府は、無抵抗が最良の策だと考えた。さらに奇妙だったのは、フェミニズム団体が沈黙を守った点で、なんでもない問題のために大騒ぎする必要はないという態度をこれ見よがしにとった。スカーフに目くじらを立てれば立てるほど、着用する側は挑発的な態度に出るだろうし、そうすると極右政党の国民戦線（FN）の思うつぼだ、という了解があった。党首のル・ペンに加担したくなければ、スカーフ反対派もここは目をつむるべき、という考えが主流だった。スカーフは一時的な流行なのでそのうち消えるだろうという見方が大半だったが、それどころか団結の旗印、あるいは共和国の原則に対する挑戦としてそこらじゅうに広がった。

共和国の原則がこうして踏みにじられたわけだが、その結果についてはいまだにまったく問われていない。スカーフ問題は氷山の一角にすぎない。スカーフの着用を認めることで、イスラム教徒が大半を占める、シテと呼ばれる大都市郊外のマンモス団地での若い娘に対する考え方が正当化されてしまった。これに反発するために立ち上がったのが、パリ郊外に住む若い女性たちだ。この運動は「売女でも服従でもなく」（NPNS）と命名された。[7] この十年来、彼女たちはこのふたつのイメージを押しつけられているからだ。他のフランス人女性と同じように、女性全員に認められている権利を行使して生きようとすると、売女とみなされて同年代の男性の侮辱と暴力の対象になる。そうでなければ、男性の法に服従し、家庭内に閉じ込められることに甘んじねばならない。解放のために闘うよう呼びかけた協会(8)の会長ファデラ・アマラ(三十八歳)は、シテに住む女性たちの苦境を語った。

(フェミニズムのメッセージが一度も届いたことのない)これらの地域における女性の地位の低下は、若い娘に対する暴力、強制結婚、若い男性によるいやがらせの増加という形であらわれました。家庭内でも地域でも、性の話題はタブーです。女性はタバコも吸えないし、スカートもはけません。若い女性が同年代の男性と出歩くと、あばずれ、地区の売女あつかいにされます。女性は会話にも参加できず、〝家に帰れ〟、〝向こうに行け〟と言われます。娘を学校にやらない親も増えています。成績優秀で社会的に成功するアラブ系の娘という神話はあっという間に崩れ去りました(9)。

こうした地域での男女関係の悪化には目をみはるものがある。二十八歳のサフィアはこう語る。

もう何年も前から、わたしの姉妹、従姉妹、女ともだちはみんな暴力を受けています。本当に状況は悪化しました。以前は（というのはいつだろう？）、同年代の男性との間に連帯感が感じられましたが、今ではわたしたち若い女性は身を潜め、壁に隠れるようにして歩かねばなりません[10]。

戒律を守るイスラム教徒のファデラ・アマラも証言している。

マグレブ出身の家庭には、娘を抑圧するための強力な手段があります。イスラム原理主義は若い男性に直接的な影響を与えるので、彼らが姉妹や近所の娘に暴力をふるうという形ですぐさま変化があらわれます[11]。

ヴィトリ・スュール・セーヌで不良少年に焼き殺されたソアーヌ・ベンジアヌ[*7]の妹で、経済学の修士課程に在籍中のカイナも同じ意見だ。

女性は男性に劣ると教義が定める以上、どんな横暴も可能です。それに、スカーフの着用に関する議論はバカげてます。イスラム教も他の宗教と同じレベルであつかうべきです（中略）。学校では、スカーフを禁止するべきです。[12]

こうした郊外の貧しい地域を共和国は見放したわけだが、同時に、共同体主義の圧力に屈し、差異主義の思想を受け入れることで、女性を抑圧する許しがたいメカニズムが国内で発展するのを見過ごしたのだった。このような惨事の原因となったイデオロギーを一刻もはやく捨て、現状の改善につとめなければならない。また、どのような宗教も文化も男女平等の原則を侵すことはできないことを再確認すべきだ。望もうが望むまいが、あらゆる人間に適応される普遍的な法によって男女平等は保証されているのであって、さまざまな例外を認める文化的相対主義では男女平等は実現できない。

もともとフェミニストたちはこういったことを確信していたのだが、性的特殊性を唱えることが女性解放の決定打になると一部のフェミニストが考えたために、状況が一変した。これが普遍主義の二番目の敗北で、同時に女性の危機をも告げているのかもしれない。

一九九九年、憲法に性の二元性を書き込むことを正当化するため、男女同数《パリテ》推進派はアクロバット的な哲学的議論を展開したが、その唯一の目的は男女間の生物学的差異とその特殊性を再評価することだった。普遍的なものは男性的であり、「人類」は抽象的観念であると批判された。よって、〝男女混合の普遍〟、〝二元的人類〟が考案された。用語自体すでに矛盾しているが、それはお構いなしだった。こうなると、性や人種の差異を越えてあらゆる人間をつなぐ「人類」というコンセプトが成立しなくなり、普遍という概念もその意味を失ってしまった。だが、もっとも深刻な問題はこうした解釈ではない。偏って分析されたからといって、コンセプトが消滅するわけではないからだ。問題なのは、この分析のもとにある思想はある女性観と男女関係の見方を含んでいて、社会に影響を及ぼしている点だ。

生物学と役割の区別

生物学的な性差を究極の尺度として人類を分類するとなると、一方を他方との対比においてとらえる構図にとらわれてしまう。ふたつの性があるのだから、ふたつの世界観があり、ふたつのタイプの思考と心理、決して混じりあうことなく隣りあわせに存在するふたつの異なる世界があることになる。女性的なものはそれ自体がひとつの世界を成し、男性的なものはまた別の世界を成す。その境界を行き来することはむずかしく、お互いの間の社会的・文化的差異を知らずにいるようだ。

子どもを持って母親になる能力から女性性を導きだすことは、「どう生きることを選ぶか」ではなく、「なにであるか」によって女性を定義することを意味する。逆に、これと対称的な男性の定義は存在せず、男性は常に「なにであるか」ではなく「なにをするか」で判断される。父親になる能力や筋力の発達で男性を定義することは決してない。女性は即座に身体にしばりつけられるが、男性は身体から解放される。母性は女性の運命だが、父性は選択することができる。この性的世界観は問題を解決するよりも、問題を生むものだ。母性が女性の本質だとすると、母親になることを拒否する女性は異常者あるいは病人になってしまう。「男性的」というレッテルを貼られ、女性としてのアイデンティティを奪われるだけでなく、女性という性にふさわしくないと非難される。女性の共同体から追放されるようなものだ。不妊に悩む女性は同情されるが、子どもを産みたがらない女性は仲間と境遇を共にしたがらないエゴイストだと攻撃される。こういう批判は、子どもを持つことは選択肢ではなく必要なことで、遅らせることはできても避けることはできないという考えに基づいている。

たとえ、子どものない女性を声高に批判することは良識が許さないとしても、男性の世界で成功するために女性としてあるべき姿を見失ったのだ、という陰口がことあるごとに囁かれる。子どもを産まないということは、女性の立場を裏切るだけでなく、女性・母性の徳に背をむけることを意味する、というのだ。子どもを持たずに自由を行使することを選ぶ女性はフランス人女性の三%にあたるが、生物学的な尺度によれば彼女たちは分類不可能になる。男性でもなければ本当の女性でもないため、ふつうではない存在として横目でみられる。

自由を行使することを非難される女性たちの問題に加え、「女性＝母親」という考え方は女性特有の心理が自然のうちに組み込まれているという理論を生むが、これはそれほど自明ではない。母親になる能力は、共通の特徴だけでなく共通の関心事でもって女性のジェンダーを統一すると思われがちだ。前者は男女同数《パリテ》に関する議論の際に総動員され、他人の利益を優先し、具体的に行動し、かつ平和主義であるという長所を男性よりも備えている、と女性たちは主張した。それはまるで、これらの長所が生来のものであって、教育と社会による訓練の結果ではないかのようだ。男女同数《パリテ》推進派の女性たちは、派内に見解の相違はあっても共通の利益の方を優先し、男性に対抗する政治勢力を構成するのが良策であると考えるふりをした。これ以後、ふたつの世界観、女性の世界観と男性の世界観が存在することになった。階級闘争の問題や、男性の利益にも相違がある点はいとも簡単に忘れ去られた。同様に、女性の視点も複数あること、とりわけ中絶、出産休暇中の給与、パートタイム労働、男女同数《パリテ》という論点に関しては意見が分かれることも、無視してかかろうとした。

本当のところ、性的相対主義を政治原則にするのは誤りだ。男と女はふたつの別々のブロックを成すわけではない。投票する際には、自らの性別ではなく利益やイデオロギーによって判断するし、社会的地位と文化的背景を同じくする男と女の間の差異は、階層の異なる同性の間の差異よりもずっと小さい。一般に言われるのとは逆で、社会的差異に比べれば性的差異は些細なもので、ふたりの子どもを抱えている失業中の母親と、国立行政学院出身のエリート官僚や企業トップの母親では優先事項はちがってくる。

さらに深刻なのは、性的差異主義が現実の社会で実践される場合だ。生物学的側面を尺度として女性を区別するとなると、一九七〇年代からなくすよう取りくんできた男女間の役割分担をあらかじめ正当化してしまう。性が未分化だったり中性なのは望ましくないので改めるべきだというのが名目だが、実は男女両方の旧来のステレオタイプを再活性化する思いがけない結果をもたらした。この結果から得をするのは男性だけで、女性はこれまでに勝ちとった権利を失う危険がある。

3 罠

ふたつの相反するフェミニストの言説が続いたことで、混乱が生じた。三十代・四十代の男女はひとつ目の言説の恩恵を得ていることを意識さえしていないが、同時に個人の意志にかかわらずふたつ目の言説に浸かっているのが実情だ。性的自由と男女平等の理想、役割分担の三つを女性たちは要求してやまないが、これらの要求がかつての社会理念と決定的に断絶していることを意識していない。ここ十年あまりの間に見られた生物学的差異主義の復権に反撃するフェミニストがいないため、男女平等実現への道は不可能とはいわないまでも、かなり困難になっている。母性愛ではなく母性本能を標榜しながら、男性が子どもの教育により関与し、日常生活の雑務を分担することを要求しようというのは無理な話だ。道徳的・心理的な義務として押しつけようとしても、同時に逃げ道を与えてしまっているようなものだ。女性と家族をひとまとめにした見方がマスコミで問題視されなくなったのには驚くばかりだ。母性信仰のイデオロギーが復活し、母性はふたたび女性の人生のゆるぎない要《かなめ》となった。このため、若い女性は矛盾した呼びかけのターゲットとなり、互いに打ち消しあうふたつのフェミニズムの間で引き裂かれたような状態だ。男女平等を目指すフェミニズムは、男性より学歴の点では勝っても女性の給料は安いし、仕事は二倍に増えたままという境遇を打開するよう呼びかけてやまない。ちなみにこの二点の異常さは十年前から変わらない(13)。他方、男女同数《パリテ》を目指すフェミニズムは、男性的な中性という偽りの価値によって脅かされている女性性を救うよう女性たちに要請し、なによりもまず母親であることを思い出させようとする。

結果はもちろん芳しくない。

母性本能と授乳

今日みられる母性本能の華々しい復権は、支配的なイデオロギー、すなわち自然主義かつアイデンティティ重視のイデオロギーの論理的結果にすぎない。一部のラディカルなエコロジストや社会生物学者、多くの小児科医や心理学者は過去のたしかな価値観への回帰を唱えていて、しかも差異主義者に同調し、若い女性は母親の世代のフェミニストたちにだまされたと説得しようとしている。自然はいつも正しく、問題があるのは社会のせいだ、という言説が流通する。母性本能は存在するし、女性のひとりひとりが毎日のように自らの母性本能を認めては、誇りに思っている、というのだ。このコンセプトに疑問を投げかける輩《やから》は、男でも女でも「女性と母性がまったく理解できていない」と叱られる。母性が困難だったり失敗することもあると強調した女性は、指標を失った多くの母親たちに罪悪感を与え、子育てに専念したい母親たちを不安に陥れたと非難された。さらには、母性本能は女性の特性であるため、母性本能に異議を唱えることとイコール女性の糾弾とさえ考えられるようになった。歴史上のある時期には、何世代もの女性たちが子どもに関心を示さなかったという事実を明らかにするのは(14)、女性のアイデンティティと尊厳をおびやかす冒《ぼう》瀆《とく》にほかならないとまで言われる始末だ。

アントワネット・フークとシルヴィアーヌ・アガサンスキーはすぐさまこの問題に関して発言しはじめた。前者が懐胎と母子関係を倫理の基礎に据えたのにたいして、後者は母親の愛を女性の思いやりの最高の形として称揚した。アガサンスキーの説はこうだ。

母親にとっての子どもは、これから生まれてくる子どもの場合も、最初からたんなる肉のイボとは異なる。子どもは母親が絶対的に気にかける存在、無限の責任を感じる対象だ。それゆえ、伝統的に〝母性的〟とされる動作は、なんらかの内在性の内に閉じ込めるどころか、他者性全般に向かって開かれた普遍的モデルとなり得る(15)。

パスカル・モリニエは次のように批判している。

この見方によれば、母性は自発的な心理的能力、もっといえば生来の美徳とみなされていて、その源はあいまいなままにされている。アガサンスキーは、母性は懐胎という生物学的出来事によって生まれる前からしっかりと与えられている、とまでは決して言わない一方、母性はその〝即時性〟のみを源として発現すると考えている。ここで問題にされているのは、哲学的に色づけされた母性本能でしかない(16)。

アメリカの社会生物学者でサル学を専門とするサラ・ブラファー・ハーディーは、一部の研究者ほど独断的ではないので、きわめて慎重に哺乳類によって異なる複数の母性本能について語っている。実際、マウスを使った実験から推定された「母性本能遺伝子」と呼ばれるものが最近になって発見されたが、彼女はこれを相対的にとらえる立場だった。[17] ハーディーが強調するのは、哺乳類の母親は生まれたばかりの子どもに必ずしも絶対的で十全な愛情をみせるわけではないが、母親の「母性本能」は新生児との相互作用によって少しずつ発達する点だ。しかしながら、プロラクチンと呼ばれる催乳ホルモンと「至福状態」を生むとされるホルモン、オキシトシンのふたつの母性ホルモンの重要性を考慮すると、そこにはひとつの本能、マウスから女性まで哺乳類をつなぐアリアドネーの糸のような本能が存在すると考えることができる、とハーディーは主張する。女性の半数は母乳での子育てを拒むし、この「至福状態」を知らない女性も多いにもかかわらず、母性的感情には生物学的根拠があると彼女は結論する。ところがハーディーは、母性的感情を抱くのは母親だけではないと断言することで、確信を揺るがせることも辞さない。母性ホルモンとはまったく関係のない父親やほかの人間も、母性的感情を抱くことは可能らしい。「母性本能」が偶然生まれて発達することを認めるのなら、思い切って「母性愛」と言ってしまってはどうだろう?

人間の母親とサルの母親の間には、後者は子どもをめったに殺さない、前者は子どもを育てるために社会の協力を必要とする、といった違いがあることをサル学者ハーディーは認めているが、それぞれに交互に言及することで「母親は子どもを最優先することは母なる自然によって決められている」[18]と結論して憚《はばか》らない。むしろ、自然はそういった能力を女性に「提供する」が、それを「行使する」か否かは女性それぞれの個人史や、欲望、利益によると考えた方がより適切ではないだろうか？　この点で、人間の母親はほかのサルとはちがうのだ。

ラジオで母親たちにアドバイスを行っている小児科医のエドヴィージュ・アンティエの方は、ハーディーのような科学的慎重さを示そうという姿勢はまったくない。母性本能は存在する、なぜなら診察室で毎日それを目にするからだ、と言ってのける。アンティエによれば、母性本能は生存本能と同じレベルに属し、「考えなくても赤ん坊のために行動させる。母性本能とは、あらゆる女性が自分の内に秘めている心づかいであって、女性の本質そのものの一部である」[19]。こうした発言を裏づけるため、アンティエは先ほどのホルモンだけでなく、マウスを使って発見された母性本能の遺伝子にも言及している。少しばかり想像力をたくましくすれば、女性もほかのマウスと同じと考えられるかもしれない。いうまでもなく、不幸な例外がいたとしても母性愛の本能的側面を疑問視するにはあたらない。拒食症が存在することで、食べるという自然の欲求が問題視されるわけではないのと同じらしい。こうした断言はわかりやすさが強みだが、母性感情の複雑さは反映されていない。逆に、アンティエ博士が明言している目的について考えるべきだろう。今日の母親たちが標的になっているさまざまな批判からの解放を目指すというのだ。母親たちに母性本能をおしつけたからといって、この目的が達成されるわけではないだろう。そのような本能を感じない母親も多いのだから。実のところ、このようなやり方は母親にとって道徳的かつ心理的なかなりのプレッシャーになっていて、経済的・社会的な結果となってあらわれている。

　少しずつ、「母性本能」はふたたび自明なものとされるようになり、メディアではふつうに聞かれるようになった。そのような本能があるのかどうか問うどころか、「父性本能」の存在が問われるありさまだ！　母親のためという名目のもと、母性本能を疑問視する態度は封じ込められたといっても過言ではないだろう。その一方、こうした風潮のせいで三十代の母親が仕事を続けながら子どもを産んで育てることがむずかしくなっているのも事実だ。三十年前とちがって、現代の女性たちは母性に疑いを持つ権利さえない。世論は女性がその義務、すなわち自然が与えた母性を忘れることをけっして許しはしない。

母乳哺育がふたたび義務とされるようになったのも、同じ理由からだ。母親ひとりひとりがその希望や都合によって選択するのを許すどころか、この数年来これまでにない大がかりな母乳推奨キャンペーンが展開されている。かつてはエコロジストが粉ミルクを攻撃したものだが、今日では世界保健機構（WHO）による母乳の勧めがEUのガイドラインに取り入れられ、レチェ・リーグ[*8]が母親たちを指導している。次のような仮説もある。

母乳で育った子どもは大人になってもその恩恵をうける、というあらたな仮説を証明するため、数多くの研究が行われている。母乳のおかげで肥満、糖尿病、ぜんそく、アレルギー、多発性硬化症といった幅広い病気になりにくく、虫歯も少なければ歯並びもいいらしい。母乳を吸うだけで、死ぬまで知能指数も高いという[(20)]。

こうした研究成果とくいちがう、おなじくらい科学的な研究があってもWHOはお構いなしで、「全員、母乳！」という勅令をくだした。今日、フランスでは母乳で育てる母親は全体の五〇％にあたるが、その大半が行っている数週間の母乳哺育[(21)]では不十分だとWH

Oは主張する。本部ジュネーブの専門家によれば、「生後六ヶ月までは赤ん坊に哺乳瓶を与えるべきではない。これは母親にも有益で、長く母乳哺育した女性は乳房に腫瘍ができるリスクが小さいことが知られている[22]」。

WHOのこの呼びかけは、一九九九年五月にはEUのガイドラインとなって母乳哺育を推奨している。フランスでは、母乳化されたミルクの費用負担を軽減するという名目のもと、産院での無料配布は中止になった。また、産院のスタッフは新米ママにこう説明することになっている[23]。

一、母乳哺育にはどのような利点と長所があるか。
二、母親自身の栄養管理。母乳哺育にどう備え、どう行うべきか。
三、哺乳瓶による授乳を組みあわせると、母乳哺育にどのような悪影響があらわれ得るか。
四、母乳哺育から離乳食への移行にはどのような困難があるか。
五、必要な場合は、離乳食の正しい使用のため、資料を参考にする。この資料は、離乳食を最善の解決策と思わせるようなイメージを避けねばならない。

よほど気丈でなければ、こうした圧力に抵抗するのはむずかしいことは明らかだ。出産直後の女性はかならず気弱になっていて、待ちうける子育てという任務に不安でいっぱいだ。世間から要求される本能を知らないため、新米ママはアドバイスに飢えていて、プロの命令には従おうとする。結果、意に反して母乳で育てる母親もいれば、退院してまもなく母乳哺育をやめる母親もいる。だが、断固として母乳を勧める権威にそむくのに母親たちがどれほどの罪悪感を覚えるか、考えたことがあるだろうか？　ありがたいことに、フランスの産院のスタッフには女性解放運動に参加した女性が多く、母親それぞれの自由を尊重しようとしている分、恵まれている。おかげで、他のEU諸国に比べると、フランスの若い母親は母性を規定する義務の枷《かせ》にとらわれることがまだ少ない。

とはいえ、これほどの退行を前にフェミニストたちはいまだに抗議の声をあげていない。母乳で育てない母親に罪悪感を与えるこのあたらしい傾向に、二十年前なら批判があつまっただろうが、今では対抗するためのキャンペーンはメディアでもまったく見られない。だれも何も言わないのだから、みんな同意しているのだ、と孤立した若い母親たちは考えたことだろう。情報も与えられなければ、頼る者もいないこのような母親は多い。

母性本能とパートタイム労働

不況という経済的要素と母性本能の復権（言葉にされることもされないこともある）が組みあわさって、男女平等への歩みを無効にしつつある。母親が家庭にとどまるよう仕向ける方向にすべてがはたらいている。「養育手当」（APE）というまことしやかな名称で一九八五年から実施された母親のための給与は、最低賃金（SMIC）の半額にあたり、最初は三人の子どもを持つ母親が対象だったが、九年後の一九九四年には二人目から適用されるようになった。[24] 最初にこれを解決策として選んだのは、いうまでもなくもっとも貧しく、学歴も低ければ特別な訓練も受けていない女性たちだった。そういう女性たちの労働条件はきびしく、しかも子どもを預けて働くだけの収入もない。この手当をもらうために仕事をやめた女性は多かったが、[25] その結果はまちまちで、やめてよかったと思った者もいれば、逆に後悔した者もいた。手当の期限が切れると、ほとんどの女性は失業者となり、配偶者に扶養されるか、独り身の場合も再就職は不可能だった。いわゆるパートタイム労働の犠牲となったのはこのカテゴリーの女性たちで、[26] 給料は安く、無理な就業時間を強いられている。一九九七年以降の景気回復も、これらのパートタイマーの女性たちには恩恵をもたらさなかった。最低賃金労働者の大半は彼女たちで、失業率も一番高い。もしも「養育手当」の代わりに保育所が確保できていたら、仕事をやめはしなかっただろうし、今のような不安定な生活を逃れられたかもしれない。

だが、パートタイム労働に従事するのはもっとも弱い立場にある女性だけではない。一九九〇年代初頭以来、パートタイム労働はあらゆる社会階級に向けられたイデオロギー色の強い言説のキーワードになっている。パートタイム労働こそ家庭と仕事を両立するための奇跡的な解決策だ、と政府が説得しようとするのは男性ではなく女性ばかりだ。こうして、家庭と女性のつながりは強化され、男性は家事を分担するよう女性に要求されながらも、うまくまぬがれている。パートタイム労働の長所をもっとも積極的に主張するのは母性本能の信奉者たちだ。「パートタイム労働のせいで女性は収入、退職金、キャリアの点でハンディを負う(27)」という口実のもとに母親が就業時間を短縮するのを邪魔したフェミニストたちは、結果的に母親に不利益をもたらした、と母性本能信奉者は非難する。本当は、口実ではなく事実なのは言うまでもない。パートタイマーの女性は配偶者に頼らねばならない点でもハンディを負う、ともつけ加えるべきだろう。だがこうした問題は母性本能の信奉者たちの関心事ではない。彼女らにとっては、母性本能と職業上の必要とに折り合いをつけることが一番大事なのだ。「母親としての役割をできるだけ人任せにするのと、仕事の量を減らすのとでは、どちらが好ましいでしょう?」とエドヴィージュ・アンティエは問うている。[28] 彼女の答えはこうだ。

育児休暇をとったり、パートタイム労働を選ぶ女性は増えています。わたしの知っている女性はみんな、子どもがちゃんと育つためなら今すぐに出世できなくてもいいと思っています。赤ん坊を抱いて、母乳とあたたかい言葉で育てた後、子どもが学校に通う間はそばにいて、はげますものです。わたしはそうするように勧めています。長い人生、それぞれの時期にはそれぞれにするべきことがあるのです。子どもが大きくなってから再就職し、キャリアを積むことは可能です。[29]

四十歳を越えた女性が再就職するのは非常にむずかしいし、以前と同じ仕事でキャリアを積むのはもっとむずかしい。しかも、このようなアプローチは家事や育児を分担することを嫌う男性たちにすればまさに好都合だ。アンティエはこうつづける。

では父親はどうなのか、ですって？（中略）父親の役割は重要です。でも、おしめをかえたり、哺乳びんで授乳したり、あやしたりするのが父親の役割でしょうか？　母親のクローンがあたらしい父親でしょうか？

世間は父親が母親役を演じることを望んできたが、それよりもむしろ父親は「パートナー、母親の支え、保護者、母親の讃美者[30]」であるべき、とアンティエは主張する。四十年前、すなわちロランス・ペルヌーがラジオで母親たちにありがたいアドバイスを与える前の時代に逆戻りしたかのようだ！

子どもを育てている女性の就業時間が男性よりも短くてもおどろくにはあたらない（その差は子どもがひとりの場合は一時間、四人以上だと四時間半近くにおよぶ）。逆に、家事にかける時間は父親よりもはるかに長い。フルタイムで働いている女性が、仕事と家事のせいで二倍の仕事をこなさねばならない問題をどう解決すればいいのか？　家庭にとどまるよう条件づける本能を最初から女性に認めてしまっては、給与や役職に関する不平等をなくすことはできないだろう。社会がこのような女性の特性を承認すれば、同時に男女間の役割の専門化と、さらには男性と女性の間の条件格差をも正当化することになる。差異主義のフェミニストたちがそれを望んでいるわけではないだろうが、その防止に役立つような要素は彼女たちの言説には皆無だ。利益を異にするふたつの別の実体のように男と女を区別しておきながら、役割分担をなくすよう活動することはできない。だが、男女平等を目指すにはこれ以外の道はない。保育所の増設と家庭での子ども預かり制度の向上のほうが、男女同数《パリテ》に関するさまざまな言説よりもずっと男女平等に役立つはずだ。仕事と家庭生活の両立は母親だけの問題ではないことを象徴的に示す点で、父親の育児休暇[31]に関しても同じことがいえる。

むすび

平等は「ちがう≠」ではなく、「おなじ＝」の上に成り立っている。この基本的な論理を見失ったり、言葉の意味を無理に曲げたりすると、逆にめざしていたものとは反対のなにかに到達してしまう。差異のうちの平等を主張する男女同数《パリテ》のコンセプトは一種の時限爆弾だ。本書でみたように、すぐに差異の方を過大評価し、平等を相対的にとらえるようになってしまう。性差はたしかに存在するが、それがもとで役割や役職が決まるわけではない。男性の心理と女性の心理が混じりあうことなく存在しているのでも、大理石に刻まれたかのように永遠に変わらないふたつの性的アイデンティティが存在するのでもない。自分のアイデンティティをいったんつかんだ後は、それをもとに大人ひとりひとりがしたいこと、できることを実践する。性的ステレオタイプの強力さに終止符を打つことで、可能性の世界への道が拓かれた。一部に言われたような、さびしいユニセックスの時代ではない。役割の未分化はアイデンティティの未分化ではなく、逆にアイデンティティの多様性と各人の自由に必要な条件なのだ。

婉曲的に「共通の指標」と呼ばれたかつてのステレオタイプにわたしたちは縛りつけられていたが、同時に安心感も得ていたのは事実だ。それらが崩れさった今日では、混乱する者も少なくない。そのために男性支配の社会が崩壊したのだと考える男性は多く、女性にその責任をとらせようとしている。あらたな道徳的秩序を打ち立てることで対抗しようとする女性も多く、そうなると以前の男女間の境界が復活する。このような罠にはまると、自由を失い、男女平等への歩みは遅れ、分離主義に後戻りすることになってしまう。

この十年から十五年ずっと聞かれる主流派の声はこうした誘惑にほかならない。彼らがかかげる目的とは逆に、こうしたやり方が女性のおかれている状況を改善するとは考えられない。女性と男性との関係が悪化する懸念さえある。迷走はいつまでつづくのか。

著者インタヴュー

夏目幸子（以下 SN） 本書の翻訳にあたって調べた際にわかったのですが、ドウォーキンとマッキノンの著作はたいてい邦訳があるのに、近年のフランスのフェミニストはまったく翻訳されていません。このあたりからも、日本におけるアメリカのフェミニズムの影響がうかがえます。ところで、フランスではこのふたりは翻訳されていないと本書にありますが、なぜでしょう？

エリザベット・バダンテール（以下 EB） あまりにも極端すぎて、フランス人女性相手には売り物にならないからです。こういってはなんですが、極端すぎて笑われるのが目にみえてます。いわゆる初代のフェミニスト、フランスのウーマンリブ運動で活躍したフェミニストでさえ、ラディカルフェミニズムはあまりに極端、あまりに攻撃的で、かえって害になると考えたほどです。マッキノンは二〇〇五年になって一冊だけ翻訳されましたが、まったく話題になりませんでした。

どうしても受け入れられないのは、このふたりが男性そのものを攻撃するからです。ラディカルフェミニズムといっても、ジュディス・バトラーの著作は翻訳されていますし、フランスでも議論の対象になっています。それに対して、女性をナチスの強制収容所からの生還者になぞらえるドウォーキンとマッキノンの思想は、極端すぎて女性を笑い者にするばかりです。

SN　ラディカルフェミニズムといえば、日本ではその代名詞となっている人物が二〇〇一年の対談で、「結婚しているフェミニストはありえない」と断言しているのをみて、違和感をおぼえました。

EB　その人はわたしと同世代でしょうか？

SN　そうです。

EB　だとすれば、時代背景を考慮に入れて考えるべきでしょう。彼女が二十五歳だった頃、つまり三十五年前の日本では、おそらく結婚していながら自由に生きることは非常にむずかしかったと推測します。その時代の名残ではないでしょうか。

SN 「フェミニストであるためには性的自由は不可欠だ」という説明でした。

EB やや誤解があるように思えます。フェミニストであっても、ひとりの男性を愛しつづけ、ほかの男性と性交渉を行う必要を感じないことも可能です。

性的自由という時、キャトリーヌ・ミエのように数多くの男性を征服する女性も、セックスしたくないのでしない女性も、ひとりの男性との関係に満足する女性も、どれでもいいのです。こういう生き方はダメ、と決めつける態度は我慢なりません。もし、わたしが四十年ずっと同じひとりの男性を愛していて、その男性との関係だけを望んでいるとしても、それが理由でフェミニストではないとは言えません。

男性と同じように複数の相手と性的関係をもつ権利、という意味での性的平等がすなわちフェミニズムなのではありません。結婚していたり、パートナーがいるとフェミニストではない、という考えは単純すぎます。とはいえ、四十年前の日本の社会状況がそう考えさせたのかもしれません。ただし、今日では時代錯誤ではないでしょうか。

SN もうひとつ、フェミニストとフェミニズムの定義にも関わってくると思います。

EB わたしは包括的な定義をするようにしています。今日のフェミニズムは分裂していますが、一点だけ共通しているのが、男女平等の実現のための闘いです。

男女平等とは、職場や家庭での平等だけではありません。ここから先、男女の補完性という点で意見がわかれます。「わたし」は「夫がそうでないもの」なので、男女は補完しあってひとつの完全体を成すのだ、というカップル観は、古代からの家父長制に根ざしています。夫には男の分野があり、家庭はわたしの領域だ、とする補完的な役割分担です。この補完性に甘んじるかぎり、フェミニストとはいえません。具体的にいえば、わたしは夫のすることは全部できるし、夫もわたしのすることは全部できる、こうあるべきです。

以前からの著作でも述べたことですが、わたしは男女に共通する要素の方が男女を区別する要素より大きいと考えます。その意味で、男女の類似のモデルの方が重要であり、男女に共通する部分の上にこそフェミニズムは築かれ得ると思います。逆に、差異主義的なフェミニズムは分離主義へと向かい、そうなると補完性さえなくなってしまいます。

SN　本書の四章の冒頭に、「フェミニズムの一番の存在理由は男女平等を実現することであって、男と女の関係を改善することではない」とあります。このふたつはそれほどよく混同されるのでしょうか？

EB　実際、若い世代の女性、三十代前半の女性から、「フェミニズムなんて何の役にたつの？　男女関係を悪化させるなら、いらないわ」という声をよく聞きます。そういう女性にはこう答えるようにしています、「あなたは賃金の平等をはじめとする男女平等、フェミニストが勝ち取った権利を望んでいますよね。フェミニズムはそのための闘いです。男女平等が実現されれば、男も女も幸せになる、と主張したことは一度もありません」。

幸福は個人の問題です。フェミニズムはあらゆる人間の問題をすべて解決するような全体主義ではありません。共産主義が約束した「輝ける未来」ではないのです。フェミニズムの目的は幸福の実現ではなく、不満の原因になっている男女格差を取り除くことです。

SN　男女平等の実現は、法的・社会的・政治的分野の問題だということですね。権利の獲得と幸福の実現は別の次元のものなので、混同してはいけません。

EB　そうです。ですから、平等が実現したからといって、幸せになるわけではありません。ただし不満は改善されるはずです。これまで何世紀にもわたって、女性が男性と同じ権利をあたえられず、妻・母の地位に押し込められてきたことが大きな不満の原因でした。この不満を取り除くのがフェミニズムです。ただし、不満がなくなったからといって幸福になれるわけではありません。フェミニズムの功績は、それまでの「女＝母親」という表象に打撃をあたえた点です。

ただし、近年フランスで主流になっているフェミニズムはいただけません。今年の「女性のための日」の行進のテーマを見ましたか？　あいかわらず「暴力に苦しむ女性」が中心テーマです。もちろん、女性に対する暴力は断固として糾弾しなければなりませんが、そればかりでは悲惨趣味になってしまいます。

わたしがフェミニズム運動にふれた頃、二十五年以上前のことですが、当時はボーヴォワールの気概が引き継がれていて、あたらしい分野に挑もうという士気が感じられました。それが今では「女性＝犠牲者」という言説ばかりで、とてもではないけれど次世代の女性をはげますような女性のイメージはみられません。

少女たちにもっとポジティヴな女性のイメージをもってほしい、そう考えて企画したのが今回の展覧会「シャトレー夫人――啓蒙主義の女性」です。十八世紀に、ヴォルテールをまかすほどの物理学の才能に恵まれた女性科学者がいたことを知ってもらおうと、絵本も出版しました。少女たちが科学の道を志すきっかけになれば、と願っています。

SN　そうした悲惨趣味のフェミニズムを担っているのはだれですか？

EB　女性を擁護するさまざまな協会で、個人名は表に出てきません。たいていは大学の研究者たちです。協会（association）は国から補助金をもらっている公認の団体で、ジャーナリストとのつながりが強いのが特徴です。ですから、彼女たちの主張はすぐにマスコミによって流布され、世論を形成します。

SN そのあたりは日本と大きくちがいますね。日本にもフェミニスト団体はありますが、発言力はほとんどありません。政治家が女性蔑視発言をおこなっても、テレビや新聞をつうじて彼女たちの声が影響力をもつことはありません。そのくせ、新聞社や出版社といったメディア関係の中年男性陣は、「ラディカルフェミニズムはもうわかってる」、「いまさらフェミニズムを問題にする必要があるのか」という態度です。

EB 「わかった」というのは、「翻訳した」、「知っている」というだけでしょう。

SN そうですね、日本の現実はラディカルフェミニズムからは程遠いですから。

EB これはラディカルフェミニズムを批判する本です。ラディカルフェミニズムではないフェミニズムはどうあるべきかを知ってもらうのが目的です。フェミニズムは必要不可欠だとわたしは信じています。

わたしの考えでは、フェミニズムは人類の歴史上もっとも根源的な革命です。二十世紀にヨーロッパで起きた革命は恐怖の記憶しか残さないでしょうが、それに対してフェミニズムはゆるやかな革命であり、より公正な社会の形態でもあります。精神構造の革命なので、三、四世代は必要でしょう。政治的な革命とはちがって強制収容所も暴力もありません。あるのは、女性に不利な家父長制を廃止すべきだという確信のみで、この点を再確認しつづける必要があります。わたし個人としては、フェミニズムの言説は現実の女性の生き方にできるだけ近いものであるべきだと考えます。男性を敵にまわして戦うという態度には断固反対です。

フェミニズムは普遍的な革命です。地域によっては二、三百年もかかるところもあるでしょう。けれど、人権は普遍的なものだと確信していれば、女性にも男性と同じように人権を享受する権利がある、男女は平等であるべきだ、という思想が普遍的真理であることは明白です。

わたしは男女平等実現の道を模索しつづけていますが、ラディカルフェミニズムは極端かつ好戦的すぎるため、かえって実現を妨げるブレーキになってしまっています。フェミニズムは男女の両方から受け入れられねばなりません。

SN　日本でのフェミニズムのあつかいに関してもうひとつ気になるのは、大学において女性学という名で研究の対象、学問領域となった点です。

EB　フェミニズムを大学の枠に押し込めるというのは巧妙なやり方です。

SN　そうなると、現実において男性をおびやかすことはなくなりますから。

EB　それだけでなく、実際にデモをして男女平等を要求するという運動ではなくなってしまいます。フェミニズムはあらゆる人間に関わります。学問ではなく闘いです。大学人の研究テーマではなく、ひとりひとりの女性による実践です。

法律を変えなければなりませんが、そのためには精神構造を変えねばならない。これは二段階にわたる仕事です。政治家をはじめとする指導的立場にある人間の精神構造を変えなければ、法律は変わりません。けれど、法律を変えて施行しても、各人の精神構造がすぐに変わるわけではありません。

法律の面では男女平等のための条件がほとんど整ったフランスのような国では、最後に問題になるのはそれぞれの家庭での男女のあり方です。わたしの考えでは、もしあなたを愛する男性が自分だけラクをし、あなたに負担を押しつけて満足しているようであれば、その男性は本当にあなたを愛しているとは言えません。共働きの場合、家事や子育てにおいてあなたを助けるための努力をしないようであれば、あなたが愛されていないと感じるのも当然です。そのことがわからないような男性はひどいエゴイストで、あなたを愛してなどいない。女性の方は言葉にすることはなくても感じます。そうなるとカップルの間に沈黙が芽生え、結局は破局にいたります。こういったことをひとりひとりの女性がパートナーに理解させるのもフェミニズムの実践です。ふたりの生活では共有が基本です。それができない男性は、女性が不利な立場にあることを受け入れているのです。

政治的・社会的なフェミニズムの言説がある一方、各人がプライベートにおいて経験するフェミニズムがある。フェミニズムが社会に定着するためには、受け入れ可能なフェミニズムでなければなりません。不安や恐れを感じさせてはダメです。その意味で、ラディカルフェミニズムには本当に腹を立てています。もちろん、男女平等実現のための要求は断固としたものでなければなりませんが、滑稽な理想主義者と思われていては、フェミニストの主張は聞き入れられません。今日のフランスや日本のように変化を嫌う社会においてこそ、フェミニズムの言説は極端さを避けた慎重なものであるべきだと考えます。

二〇〇六年三月二十七日、パリにて

訳者あとがき

フランスでエリザベット・バダンテールといえば、知らない者はいない。一九四四年生まれで、今年六十二歳。二〇〇五年までグランゼコールのひとつ、理工科学校で哲学を教えていたが、なによりも哲学者・歴史家としての著作で知られる。実際、『母性という神話』（一九八〇年）、『男は女、女は男』（一九八六年）、『XY――男とは何か』（一九九二年、邦訳はすべて筑摩書房）の三作を通じて、フランスのジェンダースタディーズにおける不動の地位を築いた。以来、女性問題の第一人者として、ことあるごとに意見をもとめられている。そのほか、ミッテラン政権下で法務大臣として死刑を廃止したことで知られる弁護士の夫ロベール・バダンテールとの共著もある。両者とも、今日のフランスでもっとも発言力のある知識人、だれもが一目おく存在だ。

＊

そんなエリザベット・バダンテールが二〇〇三年に発表し、前作『XY――男とは何か』と同じく反響を呼んだのが本書だ。原題の *Fausse route* は「道をはずれる」という意味で、フェミニズム三十年の歴史を振り返り、いかにして「道をはずれる」にいたったかを分析している。

「ラディカルフェミニズムを批判する本」と著者自身がインタヴューではっきりと述べているように、バダンテールの批判の矛先《ほこさき》はまず、キャサリン・マッキノンとアンドレア・ドウォーキンを代表とするアメリカのラディカルフェミニズムに向けられる。「彼女らのせいでフェミニストが笑い者になった」と言ってはばからないほど、バダンテールの怒りは激しい。男性性そのものを攻撃するふたりの極端な態度は、現実的なアプローチによって男女平等を実現することで、男女共生のより良い形を探るバダンテールにとっては逆効果だからだ。

フランスではマッキノンとドウォーキンの思想は直接影響をもたないが、性犯罪に関する法律という形で徐々に社会に浸透しつつある、とバダンテールは指摘する。「男性性器挿入＝強姦」というマッキノンとドウォーキンの見方は女性を犠牲者の地位にしばりつけるもので、ここにフランスで数年来みられる犠牲者を神聖化する傾向が加わることで、「女性＝犠牲者」という言説を前面に押しだすフェミニズムが主流になった。毎年三月の「女性のための日」の行進がその良い例で、「若い女性に希望を与えない悲惨趣味のフェミニズム」とバダンテールはインタヴューで批判している。

「女性＝犠牲者」というイメージと相容れないものを黙殺しようとするフェミニストたちの欺瞞をバダンテールは暴きだしてみせる。女性による暴力や権力の濫用を無視し、性生活の多様さを認めようとしないフェミニストたちは、自らの言説を優先するために現実を単純化してしまっている。性の面では、男性性を攻撃するあまり、セクシュアリティのあるべき形を押しつける道徳主義的フェミニズムが横行している。性の解放から三十年経った今、セクシュアリティをめぐる言説は矛盾に満ちている。

「道をはずれる」どころか、退行してしまっているのが母性本能をはじめとする女性の性質をめぐる議論だ。一九八〇年に『母性という神話』で従来の母性本能・母性愛に関する既成概念を破壊したバダンテールが、現在の反動的傾向を捨てておけないのはもっともだ。政治における男女同数《パリテ》の原則にバダンテールは反対したが、その問題点が本書では多角的に分析されている。男女同数《パリテ》を正当化する本質主義的かつ差異主義的フェミニズムは、結局のところ女性をあらたに枠のなかに押し込める。男女平等の実現のための道はボーヴォワールにはじまる普遍主義的フェミニズムしかないと信じるバダンテールが、ここ数年の本質主義的フェミニズムの勢いに危機感を抱くのは当然だろう。日本の場合、少子化対策の議論のなかで、ともすると母性が重視されがちなので、問題はより切実だ。

*

バダンテールの定義によれば、「フェミニズムは男女平等の実現のための闘い」だ。ただし、流派によってアプローチはさまざまで、「道をはずれている」フェミニストも多いことを本書は示している。その意味で、フェミニストによるフェミニズム批判なわけで、『だから母と娘はむずかしい』などの著書で知られる精神分析学者キャロリーヌ・エリアシェフは「反女性フェミニズム」と命名しているほどだ。女性を擁護するフェミニズム諸派を批判するため、一見すると「反女性」にみえるという意味だが、そうすることで一部のフェミニストの迷走を止めようとするバダンテールの勇気ある発言に拍手を送る読者がフランスでは多数派だった。

今回、エリザベット・バダンテールという人物に間近に接し、その知性はいうまでもなく、人間の大きさに感銘をうけた。そんな人物の著書、しかもフランスだけでなく日本のフェミニズムにとっても有意義な著書を翻訳できた満足感は大きい。本書が日本でも多くの読者に読まれ、共感を得ることを願うばかりだ。著者のためにも、また日本の女性と男性のためにも。

夏目幸子

親と母親の名字のどちらをあたえるか選択できるようになった。

＊７　ソアーヌ・ベンジアヌの事件（p. 145）：2002 年 10 月 4 日、パリ郊外のヴィトリ・スュール・セーヌで十七歳のソアーヌ・ベンジアヌは同じシテに住む十八歳の少年ジャマル・デラールにゴミ置き場で焼き殺された。ガソリンを浴びせてライターでおどしたところ、引火したためだ。「売女でも服従でもなく」が生まれるきっかけとなった事件。2006 年 4 月、被告は 25 年の禁固刑を言い渡された。

＊８　レチェ・リーグ（Leche League）（p. 158）：「leche」はスペイン語で「乳」なので「乳同盟」の意。1956 年にアメリカのシカゴで生まれた団体で、現在は 70 カ国以上で母乳による子育てを推奨している。フランスには 1975 年に伝わり、1979 年に協会として公式に認定された。

訳　注

＊1　無垢の誘惑（p. *ix*）：パスカル・ブリュックネールの同名の著書、1999年、法政大学出版局（Pascal Bruckner, *La Tentation de l'innocence*, 1995）より。

＊2　憲法における性の二元性（p. *xiii*）：フランス共和国憲法第1条は法のもとにおける国民の平等を保証しているが、1999年、政治における男女同数（パリテ）の原則として第3条に加えられた「選挙による職務と公選による役職につく機会を男女平等にすることを法は促進する」というくだりは、実は第1条に矛盾する。男女同数（parité）は、男女平等（égalité des sexes）とちがい、男女を区別した上でそれぞれの数を同じにしようというコンセプトで、男女同数反対派によれば男女平等の原則に反する。

＊3　投石による死刑（p. 26）：イスラム法で、不貞をおかした女性はこの刑に処される。現在でもナイジェリアやイランで刑罰として存在し、女性の権利擁護団体の運動により執行が延期されることもある。

＊4　男女同数（パリテ）法（p. 28）：女性の政治参加を促進するために2000年に制定された法律で、選挙において各党が男女同数の候補者をたてることを義務づけている（男女差は1人以内）。違反した場合は罰金を課せられる。

＊5　デュトゥルー事件（p. 41）：小児性愛が犯罪として注目されるきっかけとなった、ベルギーで起こった有名な事件。主犯のマルク・デュトゥルーは1996年に逮捕された。数年に及ぶ麻薬売買と、十名あまりの少年少女を誘拐・監禁・強姦し、そのうちの三人を殺害した罪で無期懲役となった。共犯者がミシェル・マルタンという女性だったため、小児性愛犯罪への女性の関与が注目されるようになった。

＊6　名字に関する法（p. 135）：2002年に制定された法で、子どもに父

Mother nature : a history of mothers, infants, and natural selection, 1999)。

(18) 同上。

(19) エドヴィージュ・アンティエ著『母親礼賛』，2001年，54頁（Edwige Antier, *Eloge des mères*）。

(20)『レクスプレス』，2002年10月31日号。

(21) 生後3ヶ月をすぎても母乳哺育を続けるのは10%にすぎない。スウェーデンとノルウェーでは70%，ドイツとスペインでは40%になっている。

(22) イギリスのガン研究チームが15万人を対象に行った疫学研究の結果に基づく。雑誌『ザ・ランセット』，2002年7月20日号。

(23) 1998年8月8日付の『官報』で発布された政令の第1条。

(24) 1994年9月1日付の政令。

(25) 養育手当はパートタイマーでも受けられる。1994年以降，二児の母親で働いているのは70%から55%に低下した。

(26) 1998年の統計では，パートタイマー全体の85%を女性が占め，働く女性のおよそ三分の一はパートタイマーだった。

(27) エドヴィージュ・アンティエ，前掲書，22頁。

(28) 同上，153頁。

(29) 同上，155頁。

(30) 同上，20頁。

(31) 2002年1月に制定された父親の育児休暇は，3日から2週間に延長された。この年に育児休暇をとった父親は30万人にのぼり，これは同年に子どもが生まれた男性の40%にあたる。休暇をとったことで，若い母親の仕事の大変さを発見した，という感想が聞かれた。『エル』，2002年12月30日号参照。

4章　退　　行

（1）『エル』，2003年3月10日号。

（2）男性がこう感じる背景には，数年前から国立司法学院の女生徒の数がずっと多いという事実がある。卒業して裁判官になった女性たちは，とりわけ養育権などを含む家族問題の訴訟において男性を裁く立場にある。

（3）2984号，2003年3月10日号。

（4）今日，高等教育段階の男女比は男子100人に対して女子は120人で，フルタイムで働く女性は同僚の男性よりも平均して学歴が高い。ドミニク・メダ著『女性の時代』，2001年（Dominique Méda, *Le Temps des femmes*）参照。

（5）フェミニスト団体「アクション・ドゥ・ファム」（Actiondefemme）による調査，「取締役会における女性の割合 —— CAC40，SBF120，第一市場，優良フランス企業200の場合」，2003年3月8日。

（6）この点に関しては，マーガレット・マルアニ（Margaret Maruani）が率いる「労働市場とジェンダー・グループ」（Mage）のすぐれた分析を参照のこと。

（7）今日のフェミニズムは自分たちに関わりがないという理由から，彼女たちは「フェミニスト」と呼ばれるのを拒んでいる。だが，「女性の行進」に参加したメンバーたちはみな，本来のフェミニズムと同じ信念を表明している。

（8）「全国友だちの家連盟」（La Fédération nationale des maisons des potes）。

（9）『リベラシヨン』，2003年1月31日付。

（10）同上。

（11）同上。傍点は筆者。

（12）『エル』，2003年2月3日号。傍点は筆者。

（13）2001年，男女間の給料格差はやや拡大した。これは数年来はじめてのことだった。

（14）エリザベート・バダンテール著『母性という神話』，1998年，筑摩書房（*L'Amour en plus. Histoire de l'amour maternel （XVIIe–XXe siècle）*，1980）。

（15）アガサンスキー，前掲書，77頁。

（16）パスカル・モリニエ著『働く女性の謎——エゴイズム，セックスと慈悲』，2003年，92頁（Pascale Molinier, *L'Enigme de la femme active. Egoïsme, sexe et compassion*）。

（17）サラ・ブラファー・ハーディー著『マザー・ネイチャー——「母親」はいかにヒトを進化させたか』，2005年，早川書房（Sarah Blaffer Hrdy,

(55) アンドレア・ドウォーキン著『戦場からの手紙』, 1993年, 169頁(*Letters from a War Zone*)。

(56) フロランス・モントレノ, 前掲書, 199頁。

(57) アンドレア・ドウォーキン著『右派の女性たち』, 1983年, 第3章(*Right-Wing Women*)。

(58) 今日では, 娼婦が子どもや精神薄弱者と同一視される傾向にある。こうして, 娼婦は男性のセクシュアリティにとって禁じられた対象となり, 同時にれっきとした市民としての地位を奪われることになる。

(59) フランソワーズ・エリティエ著『男性性と女性性』, 第2巻, 293–295頁。傍点は筆者。

(60) 同上, 295頁。この見方が今日のフランスでまだ有効なのは, フランスの文化と民主主義の価値観を取り入れていない少数派に関してのみだ。

(61) 前出のケベック州の売春反対のマニフェスト, 13頁。

(62) 傍点は筆者。『ル・モンド』(2003年1月16日付) に掲載された三人の社会党議員, ダニエル・ブスケ, クリストフ・キャレシュ, マルティーヌ・リニエール＝カスの投稿記事「そう, 売春廃止論者です！」(《Oui, Abolitionnistes!》)。

(63) マリー＝クリスティーヌ・オバン著『女性の権利委員会の手紙』, 2002年10月 (Marie-Christine Aubin, *Lettre de la Commission du droit des femmes*)。

(64) クリスティーナ・ホフ＝サマーズ著『少年に対する戦争——あやまったフェミニズムが若い男性にあたえる害』, 2000年 (*The War against Boys. How Misguided Feminism Is Harming our Young Men*)。

(65) ハーヴァード大学医学部のウィリアム・ポラック (William Pollack) とボストン大学の心理学者ロナルド・F・レヴァント (Ronald F. Levant) の研究を参照のこと。ホフ＝サマーズが引用している。

(66) エリザベート・バダンテール著『XY —— 男とは何か』, 1997年, 筑摩書房 (Elisabeth Badinter, *XY. De l'identité masculine*, 1992)。

(67)『リベラシヨン』(1998年4月13日付) のロレーヌ・マイヨの記事「ドイツ人女性——フェミニズムの戦いから隔離政策まで」。

(68) サミア・イッサ「ふたつの抑圧の間の女性たち」,『女性たちはなにを望んでいるのか』, 2001年, 121頁 (Samia Issa, *Les Femmes, mais qu'est-ce qu'elles veulent?*, sous la direction d'Henri Lelièvre)。

(37) チャーリーン・ミューレンハルト，ジェニファー・シュラーグ「非暴力的性的強制」(Charlene Muelenhard and Jennifer Schrag)，ロイヒーによる引用，前掲書，67頁。
(38) ケイティー・ロイヒー，前掲書，75頁。
(39) ミシェル・フェエール (Michel Feher)「アメリカ合衆国におけるエロティシズムとフェミニズム」，雑誌『エスプリ』，1993年11月，126頁。
(40) エリック・ファサン (Eric Fassin)「アメリカ合衆国のデートレイプ」，雑誌『アンケート』，5号，1997年，210頁。クロード・アビブの著書『恋愛における同意』で引用されている (Claude Habib, *Le Consentement amoureux*, 1998, p. 68)。
(41) パトリック・オシャール (Patrick Hochart)「もっとも自由で甘美な行為」，雑誌『エスプリ』，1997年8–9月，61–76頁。クロード・アビブ「純愛の法則——愛とセックスと自然」，同号，77–91頁。
(42) ミシェル・フェエール，前掲書，129頁。
(43) ダフネ・パタイ著『異性愛嫌悪，セクシャルハラスメントとフェミニズムの未来』，1998年，176–177頁 (Daphne Patai, *Heterophobia, Sexual Harassment and the Future of Feminism*)。ロイス・ピノ (Loïs Pineau) のエッセイ「デートレイプ——フェミニストによる分析」はレスリー・フランシス監修『デートレイプ——フェミニズム，哲学と法学』所収，1996年，1–26頁 (Leslie Francis, *Date Rape : Feminism, Philosophy, and the Law*)。
(44) シルヴィアーヌ・アガサンスキー，『リベラシヨン』，2002年3月10日付。
(45)「全国女性研究会」(ANEF) の会報，2002–2003年秋冬号，123頁。
(46) 雑誌『心理学』，155号，1997年7–8月。
(47) ミシェル・ボゾン「セクシュアリティとジェンダー」，前掲書，183頁。
(48) 雑誌『パリ・マッチ』，2002年11月7日号。
(49) ダフネ・パタイが引用，前掲書，141–142頁。
(50) ミシェル・フェエール，前掲書，123–124頁。
(51) キャサリン・マッキノン「性と暴力——ある視点」，『フェミニズムと表現の自由』所収。
(52) 同上，原書87頁。
(53) アンドレア・ドウォーキン「男と少年」，『ポルノグラフィ——女を所有する男たち』所収。
(54) 同上，原書56頁。

(25)『リベラシヨン』, 2002年10月31日付。
(26)『ル・ポワン』, 2002年7月12日号。
(27)『エル』, 2002年12月9日号。フロランス・トレデーズの記事「ポップのセクシースターたちはホットすぎる？」。
(28) フィリップ・ロス著『ヒューマン・ステイン』, 2004年, 集英社(Philippe Roth, *The human stain*, 2000)。
(29) アンドレア・ドウォーキン「なぜ女性は男性のヒザから抜け出さねばならないのか」,『ザ・ヘラルド』紙掲載記事(2002年8月2日付),「売春と男性優位」(University of Michigan Law School, October 1992)。
(30) レア・ジャン「売春廃止のためのマニフェスト」(Rhéa Jean, *Manifeste pour l'abolition de la prostitution*), http://www.artifice.qc.ca/dossierarchives/72.htm。傍点は筆者。
(31) フロランス・モントレノ著『ようこそ「ラ・ムット」へ』, 2001年, 99頁(Florence Montreynaud, *Bienvenue dans La Meute*)。
(32)「女性のバスの友」協会会長クロード・ブシェの証言。『国内の安全に関するレポート』, 459号, 2002年, 63頁。
(33) 2002年9月5日にフランス世論研究所が行った調査で,『CBニュース』(2002年9月30日－10月6日)に発表された。それによれば,「恋愛における金の威力はもうタブーではない。愛にも代償があって費用がかかり, 投資した分を取り戻そうとだれでも考えている……」。
(34) パリ市助役で社会党議員のクリストフ・カレッシュのインタヴュー(『ジュールナル・デュ・ディマンシュ』紙, 2002年9月29日付)。2003年1月13日付の『リベラシヨン』紙では, 投獄期間は6ヶ月, 罰金は7500ユーロ(約100万円)になっている。
(35) ジュディット・トランカール著『売春行為における「脱身体化」症候群——治療を妨げる障害』, 一般医学の博士論文, 2001–2002年(Judith Trinquart, *La Décorporalisation dans la pratique prostitutionnelle : un obstacle majeur à l'accès aux soins*)。この現象を批判的に分析したリリアヌ・カンデルの論文も参照のこと。「売春というフランスのあたらしい精神病」, 雑誌『プロ・シュワ——選ぶ権利』, 23号, 2002年冬, 17–23頁(*Pro-choix, la Revue du droit de choisir*)。
(36) N・C・マチュー「屈することが同意ではない時——女性の支配された意識における物質的・精神的決定要素」,『女性の非論理——性の人類学』所収, 1985年, 169–245頁(N.-C. Mathieu, *L'Arraisonnement des femmes. Essais en anthropologie des sexes*)。

Laufer, C. Marry, M. Maruani)。
(7) クリスチャン・オティエ，前掲書第1章「アリス，クレール，ヴィルジニーとほかの少女たち」。
(8) 前出の『フランス人の性行動』。
(9) 1972年のシモン博士の報告では，20歳以上50歳未満の男女で，アナルセックスを一度でも経験したことがあるのは男性で24%，女性で16%となっている。
(10) ジャニーヌ・モスユー＝ラヴォー著『フランスの性生活』，2002年，29頁（*La Vie sexuelle en France*）。
(11) ブランディーヌ・グロジャンによるジャニーヌ・モスユー＝ラヴォーのインタヴュー（2002年3月10日付）。
(12) ジャクリーヌ・レミによるジャニーヌ・モスユー＝ラヴォーのインタヴュー，『レクスプレス』（2002年2月28日号）。
(13) 同上。
(14) 前出のふたつのインタヴュー。
(15) グザヴィエ・ドゥルー，前掲書，117頁。
(16)『マリアンヌ』に引用されているドゥニーズ・スタニャラ（Denise Stagnara）の研究（2002年6月24日-30日号）。
(17) BD（ボンデージと調教），DS（支配と服従），SM（サドマゾ）の三つの行為の文字を組み合わせたもの。
(18) ドミニク・プトラン（Dominique Poutrain）「セックス産業とBDSMの実践」，『セックスが金になる時…』所収，2002年，101頁（*Quand le sexe travaille...*, sous la direction de D. Welzer-Lang et Salova Chaker）。
(19) ダニエル・ヴェルツェール＝ラング「スワッピング——男性支配傾向の強い商業的なマルチセクシュアリティ」，雑誌『現代社会』，2001年41-42号，111-131頁（*Sociétés contemporaines*）。
(20) グザヴィエ・ドゥルー，前掲書，186頁。
(21) ミシェル・ウエルベック，『素粒子』，2001年，筑摩書房（Michel Houellebecq, *Les Particules élémentaires*, 1998）と『プラットフォーム』，2002年，角川書店（*Plateforme*, 2001）。
(22) ドミニク・フォルシェッド著『機械的セックス——セクシュアリティの今日的危機』，2002年，165頁（Dominique Folscheid, *Sexe mécanique. La crise contemporaine de la sexualité*）。
(23)『エル』，2002年11月4日号。
(24)『ル・ポワン』，2002年12月20日—27日号。

ざける緊急の手続きが可能になった。

(36) 2002年2月8日（土），3時25分からフランス第1チャンネルで放映された「ルポルタージュ」(*Reportage*) という番組で，テーマは「殴られる男たち，恥のアザ」だった。製作はサンドリーヌ・ルッキーニとアクセル・シャルル＝メサンス。

(37) 彼らが届け出られないのは，男らしさの固定観念にとらわれているからだ。

(38) 本書11頁参照。

(39) たとえば，子どもをなんらかの目的のために利用する母親や，父親が子どもを性的に虐待しているという虚偽の訴えによって，父親から親権を奪おうとする母親が挙げられる。あるいは売春組織の元締めとして，ほかの女性に直接的に暴力を行使する女性もいる。2002年10月30日にフランス第2チャンネルで放映された番組「特派員」によれば，ウクライナで女性の売買を行うマフィアのボスは40前後の優雅なブルジョワ女性だった。

3章 矛　盾

(1) キャトリーヌ・ミエ著『キャトリーヌ・Mの性生活』，2001年 (Catherine Millet, *La Vie sexuelle de Catherine M.*)。

(2)『ル・ヌーヴェル・オプセルヴァトゥール』(*Le Nouvel Observateur*, 2000年6月22–28日号）のインタヴューで，監督のヴィルジニー・デパント (Virginie Despentes) は「女性もそろそろ加害者になるべきで，どれほど激しい暴力も避ける必要はない」とはっきり述べている。この場合の犠牲者は男性だろうか？

(3) グザヴィエ・ドゥルー著『ポルノグラフィのコンセンサス』，2002年，8頁 (Xavier Deleu, *Le Consensus pornographique*)。

(4) クリスチャン・オティエ著『あたらしい性秩序』，2002年 (Christian Authier, *Le Nouvel Ordre sexuel*)。

(5) とりわけ，ジャン＝クロード・ギユボー，アラン・フィンケルクロート，パスカル＝ブリュックネール，クリスチャン・オティエ，ドミニク・フォルシェッドら。

(6) ミシェル・ボゾン「セクシュアリティとジェンダー」，『男性性／女性性 ―― 人間科学のための問い』，2001年，171頁 (Michel Bozon, *Masculin-Féminin : question pour les sciences de l'homme*, sous la direction de J.

(*Féminismes et Nazisme*)。

(15) 同上，13 頁。

(16) 同上。

(17) 同上，14–15 頁。

(18) ヘルガ・シューベルト著『女ユダたち――ドイツナチ時代の密告 10 の実話』，1991 年，あむすく（Helga Schubert, *Judasfrauen*, 1990）。

(19) 論文「石の口と暴君の耳――女性と密告」，『フェミニズムとナチズム』所収，42–54 頁。

(20) ニコル・ガブリエル（Nicole Gabriel）によれば，「当時は実際に暴力に加わるのは男性だけだったとしても，今日では状況はちがい，ドイツのネオナチのグループでは若い娘による暴力行為の増加が著しい」（同書，51 頁）。

(21) グドルン・シュヴァルツ（Gudrun Schwarz）の論文「女性の親衛隊員，1939–45 年」同書，86–95 頁。

(22) 同書，94–95 頁。

(23) 記事「罪深き女性たちの沈黙」，『エル』，2002 年 11 月 4 日号。

(24) セルバン・イヨネスク（Serban Ionescu）はルネ・デカルト・パリ第 5 大学の臨床心理学・精神病理学研究所の所長。

(25)『エル』，前出の記事。

(26) 女性は全体の 10％から 15％を占める。

(27) ソフィー・コワニャールの記事，『ル・ポワン』，第 1357 号，1998 年 9 月 9 日付。

(28) 同上。

(29) 同上。

(30) カナダ青少年基金とカナダ法務局の 2000 年 4 月の報告書『青少年の暴力』（A. Leschied, A. Cummings, *La Violence chez les adolescents*. サイトは http://www.sgc.gc.ca）。または「犯罪統計」（『ザ・デイリー，オタワ，カナダ統計』1998 年 7 月 22 日）参照。

(31) 傍点は原著。

(32)『ル・モンド』，2002 年 3 月 21 日付。

(33)『ル・ポワン』，前掲号。

(34)『夫に対する暴力――研究と見通しの全体像』，1999 年，カナダ厚生省（http://www.hc-sc.gc.ca）。

(35) 男女同数（パリテ）担当大臣 N・アムリーヌの功績あって，夫婦間暴力の調停において，被害者の妻が家を出ることなく，加害者の夫を遠のために』，1998年，78頁（Janine Mossuz-Lavau, *Femmes/Hommes pour la parité*）に引用されている。
（79）同上，78−79頁。
（80）同上，79頁。
（81）エリザベット・ギグー著『政治の世界で女性であること』，1997年，28，153，166頁（Elisabeth Guigou, *Etre femme en politique*）。
（82）同上，235頁。
（83）『マダム・フィガロ』，2002年1月6日号。
（84）2000年度統計，国立地方分権社会活動観察所（ODAS）。

2章　故意の言い落とし

（1）『女性に対するDV』（*Violence domestique envers les femmes*, 2002年9月27日付）。『ル・フィガロ』紙（2002年2月31日付）と「女性の行進」（Marche des femmes）の会報を参照のこと。
（2）Enveffの調査による。
（3）夫から肉体的暴力を受けたり，監禁されている女性の場合は家を出て行けないのは言うまでもない。
（4）Enveffの調査によれば，DVの被害者の女性の内訳は，管理職10%，従業員9%，労働者8.7%，失業者13.7%，学生12.4%となっている。
（5）『研究と統計――司法』，9号。2000年度の暫定的データによる。
（6）シルヴィアーヌ・アガサンスキー，前掲書，152頁。
（7）『男性性と女性性』，第2巻，305頁。
（8）ダニエル・ヴェルツェール＝ラング，前掲書，23頁。
（9）『女性による暴力』，1997年，ペーパーバック版は1999年（Cécile Dauphin, Arlette Farge, *De la violence des femmes*）。
（10）マリー＝エリザベット・アンドマン（Marie-Elisabeth Handman）は論文「地獄か天国か？　現代ギリシャにおける暴力と穏やかな圧政」において母親による暴力を論じているが，それを社会の暴力に還元してしまっている。
（11）『女性による暴力』，35–53頁。
（12）『リベラシヨン』，2002年2月2日付。
（13）カンボジアでのジェノサイドに女性が加担したかどうか，今のところ明らかにされていない。
（14）リリアヌ・カンデル監修『フェミニズムとナチズム』，1997年

2002年8月21日付。

(65) フランソワ・ド・サングリー，「男性支配の新しい形」前掲書，60頁。フランソワーズ・エリティエもこの見方に賛成だ。「さきほど言及した男性の特許分野とされる1種の砦に，象徴的ではあれ徐々に女性は進出していった。だが，新たな砦がすでに築かれている。今の段階では予想もつかないような，新しいタイプの砦を男性は築きつづけるだろう」(『男性性と女性性』，第1巻，301頁)。

(66) ジョン・ストルテンバーグ著『男であることを拒否する』，2002年，勁草書房 (John Stoltenberg, *Refusing to Be a Man*, 1990)。

(67) ダニエル・ヴェルツェール＝ラング，前掲書，25頁。

(68) 同上。マイケル・キンメル (Michael Kimmel) は雑誌『メン・アンド・マスキュリニティーズ』の編集者で，アメリカ合衆国のメンズ・スタディーズの主要人物。彼の記事「フェミニズムを実践する男なんてこわくない」も参照のこと (237–253頁)。

(69) 傍点は筆者。

(70) フランス第2チャンネル，『クロスワード』(*Mots croisés*)，2001年1月21日。ベルサイユの控訴院顧問の精神科医ポール・ベンスッサンと弁護士フロランス・ローの共著『感情の独裁』，2002年，234–238頁 (Paul Bensoussan, Florence Rault, *La Dictature de l'émotion*) が参考になる。

(71)『ル・ポワン』，2002年6月21日号。

(72) ポール・ベンスッサン，フロランス・ロー，前掲書。

(73) リリアヌ・カンデル (Liliane Kandel) の論文「女性は民衆の一部か？」，M・Cl・オック＝ドゥマルル監修『女性と国家とヨーロッパ』，1995年所収，40–59頁 (M.–Cl. Hoock–Demarle, *Femmes, Nations et Europe*)。

(74) リュス・イリガライ著『差異の時代』，23頁 (Luce Irigaray, *Le Temps de la différence*)。リリアヌ・カンデルが51頁で引用。

(75) 同上。

(76) リリアヌ・カンデルが42頁で引用している「女性の解放のための闘い」，『世界的バカ』(*L'Idiot international*) 所収。

(77) フランスで男女同数 (パリテ) という考えが登場したのは，フランソワーズ・ガスパール，アンヌ・ル・ガル，クロード・セルヴァン・シュレベールの共著『女性市民よ，権力を持て！ 自由，平等，男女同数 (パリテ)』，1992年 (Françoise Gaspard *et al.*, *Au pouvoir citoyennes! Liberté, égalité, parité*) においてだった。

(78) ジャニーヌ・モスュー＝ラヴォー著『女と男――男女同数 (パリテ)

(47) 前掲『男性性と女性性』，第2巻，248頁。

(48) フランソワーズ・エリティエは，生殖能力をコントロールすることで女性は事実上，れっきとした男性のパートナーとなって社会的規則を変えただけでなく，精神的範疇を変更することで概念的規則も変えたと述べている。ただし，その後で次のような留保を加えている。「われわれの表象体系を構成する概念のカテゴリーの階級制全体を転覆させるのは無理だとしても，よりバランスのとれた階級制，あるいは新しい配分は可能で，そうすれば女性が常に負，男性が正の極を表すことはなくなるだろう」（前掲『男性性と女性性』，第2巻，248，251頁）。

(49) アントワネット・フーク著『性はふたつ』，1995年，81頁（*Il y a deux sexes*）。

(50) シルヴィアーヌ・アガサンスキー，前掲書，38頁。

(51) フランソワ・ド・サングリー（François de Singly），「男性支配の新しい形」，雑誌『エスプリ』，1993年11月号，54–64頁。

(52) アントワネット・フーク，前掲書，156，157頁。

(53) 同上，157頁。

(54) 懐胎についてフークはこうも述べている。「懐胎は，派生，動作，管理，内的体験，内奥の体験であると同時に，寛容，種の特性，異質物の受け入れ，歓待，開口部，（中略）人間文化のモデル，人類の普遍性の母胎，そして倫理の源だ」（前掲書，80頁）。

(55) シルヴィアーヌ・アガサンスキー，前掲書，105頁。

(56) 同上，108頁。傍点は筆者。

(57) 同上，135頁。

(58) 論文「性カテゴリーの社会学的定義のための覚え書き」（1971年），『政治解剖，性のカテゴリー化とイデオロギー』，1991年に再録（*L'Anatomie politique, catégorisations et idéologies du sexe*）。

(59) 論文「権力の実践と自然の思想，女性の専横」，雑誌『フェミニズムの問題』（*Questions féministes*），第2号，1978年。『性，人種と権力の実践』，1992年に再録（Colette Guillaumin, *Sexe, race et pratique du pouvoir*）。

(60) 論文「主な敵」，雑誌『パルチザン』，54–55号，1970年7–8月。

(61) アングロサクソン系のメンズ・スタディーに近いダニエル・ヴェルツェール＝ラングの研究を参照のこと。

(62) ダニエル・ヴェルツェール＝ラング，前掲書，11頁。

(63) 同上，111–113頁。

(64) タレック・ウブロフ（Tareq Oubrov）紹介記事，『リベラシオン』，

記事は『リベラシヨン』（2002年11月7日付）と雑誌『テレシネオプス』（2002年11月2–8日号）。

(35) マリー＝アンジュ・ル・ブレール著『レイプ』, 2002年, 239頁（Marie-Ange Le Boulaire, *Le Viol*）。

(36) 強姦を厳密な意味での性の領域から, それを可能にしている権力の構造分析にまで広げるのがフェミニズムの考え方だ。

(37)『ル・モンド』, 2002年4月19日付。マッキノンは働くアメリカ人女性の85%が1度はセクシャルハラスメントを経験すると述べているので, ディアマントプルが挙げている数字はこれに比べるとまだ低い。

(38) ケイティー・ロイヒー, 前掲書, 87頁。

(39) 大学の研究者のみを対象とする男性研究の出版物は例外だ。たとえば, ダニエル・ヴェルツェール＝ラング編『男性と男性性の新たなアプローチ』, 1998年（Daniel Welzer-Lang, *Nouvelles Approches des hommes et du masculin*）。

(40) 男性支配をコンセプト化したのはフェミニストではなくピエール・ブルデュー（Pierre Bourdieu）だと一般に考えられがちだが, これが間違いであることはニコル＝クロード・マチュー（Nicole-Claude Mathieu）とマリー＝ヴィクトワール・ルイ（Marie-Victoire Louis）の2つの論文にもはっきりと示されている（雑誌『現代』604号, 1999年5・6・7月号）。

(41) ボーヴォワール（Simone de Beauvoir）の死の翌日, アントワネット・フークが『リベラシヨン』紙に掲載した憎しみに満ちた追悼記事はまだ記憶に新しい。フークはボーヴォワールの「フェミニズムは普遍と平等を目指したが, 女性を男性に同化させるもので, 男性を規範とした」と批判し, ボーヴォワールの「死は事件ではなく, 女性が21世紀を迎えるのを早めるフェミニズムという歴史的動きの細部にすぎない」と述べた（1986年4月15日付）。

(42) シルヴィアーヌ・アガサンスキー著『性の政治』, 1998年, 60頁と85頁（Sylviane Agacinski, *Politiques des sexes*）。

(43) 雑誌『ル・ポワン』, 2002年11月1日号。

(44) フランソワーズ・エリティエ著『男性性と女性性』第1巻『差異の思想』, 1996年（Françoise Héritier, *Masculin/Féminin* I, *La pensée de la différence*）。

(45) フランソワーズ・エリティエ著『男性性と女性性』第2巻『ヒエラルキーの解体』, 2002年, 26頁（*Masculin/Féminin* II, *Dissoudre la hiérarchie*）。

(46) 前掲『男性性と女性性』, 第1巻, 299, 300頁。

(25) 同上，29 頁。

(26) クリストファー・M・ファイナン，キャサリン・マッキノン『フェミニストによる検閲の増加』，1983−93 年（Christopher M. Finan, Catharine A. MacKinnon, *The Rise of a Feminist Censor*）。キャサリン・マッキノンの論文「セクシュアリティ，ポルノグラフィとメソッド」，（雑誌『エシックス 99』所収，1989 年 1 月号，331 頁）も参照のこと。1992 年に米国法務省が明らかにした統計は別の数値を示しており，アメリカ人女性の 8%が強姦または強姦未遂の被害にあうとしている。

(27) メアリー・コス（Mary Koss）は調査の前にすでに強姦に関する論文を発表し，そのなかで「強姦は極端な行為だが，男性の行動全体の一部を成している」と述べていた。雑誌『ジャーナル・オブ・コンサルティング・アンド・クリニカル・サイコロジー』，50 巻，3 号，1982 年，455 頁。

(28) 傍点は筆者。この調査の詳細とそれが生んだ波紋に関しては，以下の研究を参照のこと。リチャード・オートン（Richard Orton）の論文「大学ランキング——数の理解と問題の定義」，『エンディング・メンズ・ヴァイオレンス・ニューズレター』所収，1991 年夏・秋号。ケイティー・ロイヒー著『ザ・モーニング・アフター』，1993 年（Katie Roiphe, *The Morning After*），クリスティーナ・ホフ＝サマーズ著『だれがフェミニズムを盗んだか？』，1994 年（Christina Hoff-Sommers, *Who Stole Feminism?*）。

(29) ニール・ギルバート（Neil Gilbert）の論文「レイプの現実と神話」，『ソサエティ』所収，29 号。1992 年 5・6 月号。同氏の「事実の検証」，『家庭内暴力に関する今日の論争』所収，リチャード・ゲルス，ドニリーン・ロセク編，1993 年，120–132 頁（*Current Controversies in Family Violence*）。

(30)『ニューヨークタイムズ・マガジン』，1993 年 6 月 13 日号。

(31) クリスティーナ・ホフ＝サマーズが言及している。前掲書，222 頁。

(32) 前出の『人口と社会』，第 364 号，2001 年 1 月，4 頁。48000 件の強姦件数という数字は，32000 と 64000 の間の推定値（信頼区間 95%）。

(33)『2002 年度会報』，12 頁。『フランス人の性行動』と題された報告（A. Spira et N. Bajos, *Les Comportements sexuels des Français*, 1993）によれば，性行為を強制された女性は 4.7%にのぼり，これは 20 人にひとりをやや上回る率だ（217–219 頁）。

(34) 番組は 2002 年 11 月 7 日にフランス第 5 チャンネルで放映された。

(Gayle S. Rubin, *Marché au sexe*)。

(7)「女性の立場を守る会」編『訴える女たち――レイプ裁判の記録』, 1979 年, 講談社 (Choisir-La cause des femmes, *Viol, le procès d'Aix*, 1978, p. 413)。

(8) ジョルジュ・ヴィガレロ著『強姦の歴史』, 1999 年, 作品社 (Georges Vigarello, *Histoire du viol, XVIe – XXe siècle*, 1998, p. 246)。

(9) 旧刑法第 332 条。

(10)「強姦に関する情報を女性に提供する会」会長によれば, 1999 年には 8700 人の女性が強姦の届け出を行い, 1200 人が処罰を受けた (『ジュルナル・デュ・ディマンシュ』紙, 2003 年 3 月 8 日付)。

(11) 1998 年度版司法統計年鑑。

(12) 刑法第 2 巻第 3 部。傍点は筆者。

(13) ヴィガレロ, 前掲書, 原書 254 頁。

(14)『ニューヨーク・タイムズ』, 1992 年 5 月 3 日付。

(15) 社会近代化法第 222 条 33–2。

(16)『ル・モンド』, 2002 年 4 月 19 日付。しかもこの EU 法では、従来と異なり、被告側の男性が無実を立証しなければならない。施行は 2005 年 7 月以降。

(17)「女性の権利」事務局の依頼により, マリーズ・ジャスパール (Maryse Jaspard) と Enveff (女性に対する暴力フランス全国調査) 研究班が 2000 年 3 月から 7 月にかけて, 6970 人の女性を対象に電話で行った調査。『人口と社会』(*Population et sociétés*), 第 364 号, 2001 年 1 月。

(18) 本書 11 頁の抜粋を参照のこと。

(19) 精神的プレッシャーを与えるこれらの行為の 3 つ以上, その内のひとつ以上を頻繁に経験する場合, 心理的ハラスメントとみなされる。

(20) 本書 13 頁の表を参照のこと。

(21) 実際, 夫婦間暴力に関する集会が行われた 2003 年 1 月 21 日, パリ郊外のラジオ局の男性ジャーナリストが夜 8 時のニュースで「フランス人女性の 10%が夫に殴られています!」と報道した。2003 年 3 月 26 日には,『リベラシヨン』紙があるテレビ番組に関して「フランスでは女性の 7 人にひとりが殴られている」と題された記事を掲載した。

(22)『レクスプレス』, 1999 年 5 月 13 日号。マリー・ユレによるインタヴュー。

(23)『ル・モンド』, 2002 年 3 月 7 日付。

(24)「強姦に反対するフェミニスト団体」の 2002 年度会報, 15 頁。

原　注

一九九〇年代という曲がり角——はじめに

(1) 医療技術の発達により，生殖における男性の存在はますます不要になりつつある。しかもクローン技術が発達すれば，男性という性自体が脅かされることになる。

(2) 自らをまず犠牲者として定義する態度を指す造語。

(3) アントワネット・フーク（Antoinette Fouque），雑誌『マリアンヌ』，2002年12月9–15日号。

(4) アカデミックな分野におけるフェミニズムの研究とは別物である。

1章　新・方法序説

(1) 辞書『ロベール』の定義には，「ひとつの共通点を強調することで，作為的にさまざまな要素を包括すること」ともある。

(2) スーザン・ブラウンミラー著『レイプ 踏みにじられた意志』，2000年，勁草書房（Susan Brownmiller, *Against our Will. Men, Women and Rape*, 1975）。著者は「レイプとは，あらゆる男性があらゆる女性を恐れさせるためにもちいる意識的な威圧の手段にほかならない」と述べている。

(3) キャサリン・マッキノン著『セクシャル・ハラスメント・オブ・ワーキング・ウィメン』，1999年，こうち書房（Catharine MacKinnon, *Sexual Harassment of Working Women*, 1979）。

(4) アンドレア・ドウォーキン著『ポルノグラフィ——女を所有する男たち』，1991年，青土社（Andrea Dworkin, *Pornography. Men Possessing Women*, 1981）。

(5) キャサリン・マッキノン著『フェミニズムと表現の自由』，1993年，明石書店，7章（*Feminism Unmodified*, 1987）。

(6) ゲイル・S・ルビンの論文「性を考える——セクシュアリティに関する政治のラディカルな理論のために」，『性の市場』所収，2001年

著　者

エリザベット・バダンテール（Elisabeth Badinter）

1944年生まれ。フランスのジェンダースタディーズの最高権威。2005年までグランゼコールのひとつ理工科学校で哲学を教え，哲学者・歴史家としての著作で知られる。

著書に『母性という神話』（1980），『男は女、女は男』（1986），『XY——男とは何か』（1992，邦訳はすべて筑摩書房）。いずれも論争を呼ぶ話題作で，本書もフランスで10万部を超えるベストセラーとなっている。

訳　者

夏目幸子（なつめ　さちこ）

1969年和歌山県生まれ。1994-95年，フランス政府給費留学生としてパリの高等師範学校（ENS）で学ぶ。京都大学・パリ第4ソルボンヌ大学文学博士。現在，大阪外国語大学助教授。

著書に『ミシェル・レリス研究』。また，『ジャコメッティと矢内原』（*Giacometti et Yanaihara*, L'Echoppe, 2003），「ベイコン　シェリング　レリス」（《Bacon Schelling Leiris》, *L'Infini*, Gallimard, été 2004）など，フランスを中心に海外でも論文を発表。

最新エッセイは『日仏カップル事情——日本女性はなぜモテる？』（光文社新書，2005）。

訳書に，伝記『フランシス・ベイコン』（新潮社，2005），『だから母と娘はむずかしい』（白水社，2005），『女にさよならするために』（白水社，2006，近刊）。

新曜社

迷走フェミニズム
これでいいのか女と男

初版第1刷発行　2006年6月8日©

著　者　エリザベット・バダンテール

訳　者　夏目幸子

発行者　堀江　洪

発行所　株式会社　新曜社
〒101-0051　東京都千代田区神田神保町2-10
電話（03）3264-4973（代）・FAX（03）3239-2958
URL　http://www.shin-yo-sha.co.jp/

印　刷　長野印刷商工　Printed in Japan
製　本　東京美術紙工
ISBN4-7885-0996-2　C1036